「を」「に」の謎を解く

竹林一志

笠間書院

目次

はしがき　5

序論　10
1．本書の内容と、「を」「に」研究の背景 …………………………10
2．本書の目的と、研究の方法 …………………………………21
3．本書の構成 ………………………………………………35

第Ⅰ部　助詞「を」をめぐって　39

第1章　「を」のスキーマ的意味　40
1．はじめに ………………………………………………40
2．先行研究と、その問題点 ……………………………………41
3．「を」のスキーマ的意味 ……………………………………43
4．「移動の着点」用法の不存在に関して：「過程─帰結」の認知様式 ………54
5．おわりに ………………………………………………55

第2章　「を」の起点用法の使用条件をめぐって　57
1．はじめに ………………………………………………57
2．先行研究と、その問題点 ……………………………………57
3．代案：移動経路の含意 ……………………………………62
4．「を」の起点用法の使用条件と、「を」のスキーマ的意味 ……………64
5．おわりに ………………………………………………66

第3章　「穴を掘る」型表現の本質　67

1．はじめに ……………………………………………………………67
2．「穴を掘る」型表現の範囲 …………………………………………67
3．先行研究と、その問題点 …………………………………………68
4．代案：「穴を掘る」型表現の性質と、同表現の助詞「を」………71
5．おわりに ……………………………………………………………74

第4章　二重ヲ格構文の一側面
　　　　　―所謂「目的語所有者上昇構文」について―　76

1．はじめに ……………………………………………………………76
2．先行研究と、その問題点 …………………………………………77
3．代案：「対象詳細化表現」としての把握 …………………………79
4．おわりに ……………………………………………………………83

第II部　助詞「に」をめぐって　85

第1章　「に」のスキーマ的意味　86

1．はじめに ……………………………………………………………86
2．先行研究と、その問題点 …………………………………………88
3．「に」のスキーマ的意味 …………………………………………103
4．「に」受身文と「から」受身文・「によって」受身文 …………105
5．おわりに …………………………………………………………110

第2章　受益構文の使用条件と助詞「に」　111

1．はじめに …………………………………………………………111

2．先行研究と、その問題点 …………………………………………… *111*

　3．受益構文の使用条件と、助詞「に」のスキーマ的意味 …………… *114*

　4．おわりに …………………………………………………………… *120*

第3章　与益構文における「に」格名詞句の使用条件をめぐって　*121*

　1．はじめに …………………………………………………………… *121*

　2．先行研究と、その問題点 …………………………………………… *122*

　3．与益構文における「に」格名詞句の使用条件と、その背景 ……… *128*

　4．おわりに …………………………………………………………… *134*

第4章　与益構文と受益構文の非対称性
　　　　―与益者・受益者の表現をめぐって―　*136*

　1．はじめに …………………………………………………………… *136*

　2．先行研究の概観 …………………………………………………… *137*

　3．与益構文と受益構文の非対称性と、与益者・受益者の表現 ……… *138*

　4．おわりに …………………………………………………………… *143*

第Ⅲ部　「を」と「に」　*147*

第1章　「を」「に」の省略現象　*148*

　1．はじめに …………………………………………………………… *148*

　2．先行研究と、その問題点 …………………………………………… *149*

　3．「を」「に」と無助詞形式 …………………………………………… *152*

　4．「を」の「省略」と「に」の「省略」との相違 …………………… *158*

　5．「を」「に」の「省略」と、「が」の「省略」……………………… *160*

　6．おわりに …………………………………………………………… *165*

第2章 「を」使役と「に」使役
　　　　―助詞「を」「に」のスキーマ的意味からの考察―　*167*
1．はじめに ……………………………………………………………*167*
2．先行研究と、その問題点 …………………………………………*168*
3．「を」使役・「に」使役と、助詞「を」「に」のスキーマ的意味 ………*179*
4．「(さ)せる」に前接する動詞の自他をめぐって
　　：「を」「に」のスキーマ的意味との関連で …………………………*192*
5．おわりに ……………………………………………………………*195*

結語　*199*
1．本書のまとめ ………………………………………………………*199*
2．本書の意義 …………………………………………………………*207*
3．今後の課題：本書からの発展と、今後の研究への本書の貢献 ……*208*

注 ………………………………………………………………………*212*

引用文献 ………………………………………………………………*240*

要語索引 ………………………………………………………………*248*

あとがき　*253*

はしがき

　ここに、1997年頃から今日（2007年）まで約10年に亘って断続的になしてきた、助詞「を」「に」に関する研究をまとめることになった。

　私は、本を読む時、「まえがき」と「あとがき」（或いは、名称は違っても、それらに相当する部分）を先ず読む（本によっては、「まえがき」「あとがき」のいずれかのみのものもあるが）。それは、「まえがき」「あとがき」を読むことによって、その本のおおよその内容や著者の強調したい点、また、その本の背景に存在する事柄などが分かり、著者の意気込みや志に触れることもできるからである。本書も、この「はしがき」とともに、「序論」と「結語」「あとがき」を最初に読んでいただくことで、本書の概要・目的・意義、強調したいポイント、また、本書の背景にある様々なこと（研究の現況や、本書の理論的基盤）、そして、本書に込めた私の思いなどを知っていただくことができる。

　前著（『現代日本語における主部の本質と諸相』くろしお出版、2004年）を世に送った時と同様に、今回も、これまで行なってきた研究を一書にまとめながら、大学入学前（高校3年生の時）からの、様々な研究者の世界との貴重な出会いが頭から離れなかった。本書では、そうした出会いを前著の「あとがき」よりも詳しく書いておきたいと思った。
　また、私が学部2年生の頃から抱いてきた問題意識——言語研究の意義は、どういうところにあるのか——についても考えがまとまったので、この機会に記すこととした。
　そこで、本書の巻末に、長々しい「あとがき」を書いた。「あとがき」に記したのは、大きく分けて次の二つのことである。

① 現在に至るまで、意味・文法の研究に関して、私がどのような先覚から影響を受けてきたのか。
② 言語研究を通して見えてくる世界は如何なるものか。

『言語生活』406号（1985年9月号）に掲載された「〈アンケート〉文法を学ぶ」に、次のような問がある。

問1　文法研究をいま始めるとしたら、どんな勉強からお入りになりますか？（学生にはどうお勧めになっていますか？）

この問に対して、尾上圭介氏は、

その初学者の資質と目的に応じて、要請される勉強方法は異なるが、ここでは次の世代の文法学者を目指すというレベルの学生の場合を考えて答える。
(p. 64)

とし、次の二つの勉強法が必要であるとしている。

（A）－係り結び、接続・条件法、疑問表現、活用、テンス・アスペクト、主語論、修飾法……など、文法論として論ずべき問題がどこにどれだけあるかを知り、それぞれの問題に対して自分なりに考えて行くという勉強
（B）－「誰それの世界」とでも言うような、それぞれの文法学者の見ている文法の世界に出会うための勉強

そして、「（B）の勉強は、最初に誰の世界と出会うかでその後の歩みが大きくちがって来る」(p. 64)とし、次のように述べている。

文法研究の初期には、対象を解釈、評論し、あるいは特定の視点から照射す

る営みのおもしろさと奥深さに出会うことが必要であり、記述の組織化の方法論などはあとになって考えればよいことであろう。(p. 65)

　本書の「あとがき」に、私がどういう研究者の世界に出会ってきたのかを書いておくことは、本書の論をお読みいただく上で御参考になるのではないかと考える。

　また、上の②「言語研究を通して見えてくる世界は如何なるものか」ということについてであるが、小松英雄氏は、『古典和歌解読――和歌表現はどのように深化したか』（笠間書院、2000年）の中で次のように書いている。

　　人文系の研究成果は即物的利益をもたらさないし、人命に関わることもないが、研究に携わる以上、社会的に有意義な成果を導き出す責任を負っていることに変わりはない。こういう言い方をすると、ナニサマのつもりだ、と反感を買いかねないが、最大の問題は、ほとんどの研究者が、そのような批判が自分の研究には当てはまらないと安心していることにある。国語史研究の現状をみると、有名無名を問わず、客観的説得力をもって自己の研究の有用性を説明できる専門家は、あまりいそうもない。……冷静に見直すなら、国語史研究によるこれまでの達成のなかで、社会的意義が評価できるものはさほど多くない。その場合の社会とは、国際社会、人類社会でなければならないが、国語に閉じこもるかぎり、そういう視野が生まれてくるはずはない。
　　　　　　　　　　　　　　　　　　　　　　　（pp. 105-106、p. 109)

　それでは、現代日本語の意味・文法を研究することの意義・有用性は、どこにあるのであろうか。
　一つの答えとしては、現代日本語の意味論・文法論が、日本語を母語としない学習者に対する日本語教育に役立つ、ということがある（cf. 野田尚史「日本語教育の影響を受けた日本語文法」『言語』28巻4号［1999年4月号］、大修館書店）。また、別の答えとして、池上嘉彦氏（『「日本語論」への招待』講談社、2000年）が、「日本語という言語が本当の意味で興味深い言葉であ

ると思えるようになった」(p.2) とした後に述べている、次のようなことも挙げられるであろう。

> 言語を研究対象とする学問、つまり、言語学の理論は、その成立の歴史的な経緯からして、欧米系の言語に関する知見に多く依存している。それからまた、ある理論的な主張を説明する場合にも、もっとも多くの言語研究者によって理解されるという理由で欧米系の言語を例証に用いることも普通である。……日本語が興味深いというのは、このような欧米系の言語を主流としての理論化に対して、しばしばそれを相対化する可能性を与えてくれる——つまり、人間の言語としてまだ別な可能性のあることを提示してくれる——ということである。(pp. 2-3)。

　しかし、本書の「あとがき」では、上のようなレベルを超え、言語研究（本書では、現代日本語の助詞の意味論・文法論）を通して、人間の在り方や、人と人（或いは、人と世界）の関わり方といった根本的な問題について知ることができる、ということを述べたい。

　私は、解釈学会の機関誌『解釈』(51巻5・6合併号［2005年5・6月号］)の編集後記に次のように書いた。

> 小松英雄氏は、『みそひと文字の抒情詩』(笠間書院、2004年) の中で、「一般に、なにか研究を手掛けようとする場合に、まず必要なのは、その領域の研究が、現在、どういう段階まで到達できているか、すなわち、その領域の state of the art を的確に把握することである」(16頁) と述べています。本号の編集を担当し、当該研究の到達段階を確認した上で立論するという、研究の基本姿勢の大切さを改めて実感しました。個々の先行研究の内容・主張を正確に理解し、当該研究の到達水準を押えた上で、十分なデータと筋道の立った論理に基づくオリジナルな論を提出する、というのが研究論文のあり方だと考えます。

上のことは前著（『現代日本語における主部の本質と諸相』）でも心がけたことであるが、本書でも、先行研究を概観・検討し、その問題点を押さえた上で、諸々の言語現象の観察・分析によって無理のない代案を提示する、という論の進め方をとった。

　前著とともに、本書が、今後の文法研究・意味研究に少しでも貢献できれば幸いである。

序論

1. 本書の内容と、「を」「に」研究の背景

1.1. 本書で問題にする事柄

本書は、助詞「を」「に」に関して、次のような点に説明を与えるものである。

a. 「を」は、「移動の起点」用法・「移動の経路」用法・「動作・行為の対象」用法といった諸用法を有する。互いに相当異なる内容を表す、これら諸用法が、「を」という一つの形式によって担われているのは、なぜか。上の諸用法は、統一的に把握可能なのか。

b. 「を」は、「穴を掘る」「湯を沸かす」のようなタイプの表現（本書では「穴を掘る」型表現と呼ぶ）に用いられる。こうしたタイプの表現における「を」と、「ドアを叩く」のような「を」（「動作・行為の対象」用法）とは、如何なる関係にあるのか。また「穴を掘る」型表現は、非論理的だ（土を掘って穴を作るのに、なぜ、「穴を掘る」と表現するのか）と言われることがあるが、同表現の内実は如何なるものなのか。

c. 「太郎は次郎を、頭を叩いた。」のように、「動作・行為の対象」用法の「を」が単文中に複数回用いられることがある。通常は許されない、「動作・行為の対象」用法の「を」の二重使用が、なぜ上のような場合に成り立つのか。

d. 「に」は、「を」以上に多様な用法を持つ（「移動の到達点」用法・「存在の場所」用法・「時点」用法・「動作主」用法、等々）。これら多種多

様な用法を「に」が持ち得るのは、なぜか。また、これら諸用法は、統一的に捉えることができるのか。

e. 特に、「太郎は先生に褒められた。」のような「動作主」用法は、「に」の諸用法の中でも随分異質に見える。受身文において動作主が「に」で標示されるのは、なぜか。また、上のような「に」受身文と、「太郎は先生から褒められた。」「『雪国』は川端康成によって書かれた。」のような「から」受身文・「によって」受身文とは、どのように性質を異にするのか。

f. 「に」を用いる構文には、上記「に」受身文のほかに、受益構文（e. g.「太郎は花子にフランス語を教えてもらった。」）・与益構文（e. g.「太郎は息子に時計を買ってやった。」）・「に」使役文（e. g.「あの母親は、よく、息子に買い物に行かせる。」）などがある。これら諸構文における「に」の働きは如何なるものであり、その「に」の働きと、諸構文の使用上の制約とは、どのように関連するのか。また、「に」使役文と「を」使役文（e. g.「あの母親は、よく、息子を買い物に行かせる。」）とは、どのように性質を異にするのか（そして、その性質の違いは、「を」「に」の語性とどのように関わるのか）。

g. 従来、受益構文と与益構文とは、「与益者」「受益者」の位置関係において対称をなすものである――受益構文においては、与益者は対象語（「に」格名詞句）、受益者は主語で表される。一方、与益構文においては、与益者は主語、受益者は対象語（「に」格名詞句）で表される――と考えられてきた。この見方は妥当なのか。

h. 「御飯 φ 食べようよ。」「どこ φ 行くの？」（「φ」は無助詞のマーク）のような、「を」「に」の所謂「省略」現象について、どのように考えればよいのか（「を」「に」は、如何なる場合に「省略」可能［或いは、不可能］なのか。また、「を」「に」が或る場合には「省略」可能であり、別の場合には「省略」不可能なのは、なぜか）。「を」「に」の「省略」現象は、「が」の「省略」現象（e. g.「お腹 φ すいたね。」）と同様に考えてよいのか。

1.2. 多義性の包括的・統一的把握

　筆者（竹林）が助詞「を」「に」についての研究書をまとめようと考えた動機は二つある。
　一つは、「を」「に」の多義性が包括的・統一的に捉えられるということを示したいということである。
　「を」「に」には、例えば次のような諸用法がある。

「を」の諸用法（の一部）：
（1）　a.　家を出る。（「移動の起点」を表す用法）
　　　 b.　道を歩く。（「移動の経路」を表す用法）
　　　 c.　ボールを蹴る。（「動作・行為の対象」を表す用法）

「に」の諸用法（の一部）：
（2）　a.　図書館に着く。（「移動の到達点」を表す用法）
　　　 b.　部屋にいる。（「存在の場所」を表す用法）
　　　 c.　5時に駅前で会う。（「時点」を表す用法）
　　　 d.　先生に褒められる。（「動作主」を表す用法）

　これら「を」「に」の諸用法は、「を」「に」それぞれにおいて、相当に異なる意味を表す。
　例えば、「を」の（1a）（1b）は「移動」に関する用法であるが、これら（1a）（1b）と（1c）の「動作・行為の対象」用法との間には如何なる関係があるのだろうか。
　また、「に」について言えば、「移動の到達点」用法（(2a)）と「動作主」用法（(2d)）とは正反対の内容を表すかのように見える。なぜならば、「動作主」用法の「に」は、次のように、基本義として「起点」(source)を表す「から」に置き換えられるからである（置き換えられない場合については、第II部1章で述べる）。「到達点」（(2a)）と「起点」とでは、まるで反

対である。

（3） a. 先生に褒められる。（＝（2d））
　　　b. 先生から褒められる。

　日本語学習者向けに書かれた益岡・田窪（1987：4-5）は、「格助詞の基本的用法」として、「を」に4種の用法、「に」に11種の用法を立てる（具体的には、第Ⅰ部1章と第Ⅱ部1章で引用する）。しかし、益岡・田窪（1987）では、「を」「に」いずれについても、諸用法が相互に如何に関連しているのか、諸用法に共通する特徴は存在するのか、といったことには全く触れていない。これでは、日本語学習者は戸惑いを覚えるであろう。
　本書では、上掲のような諸用法を貫いて認められる「を」「に」の性質について論じたい。
　尾上（1982：108）は次のように言う。

　　「を」に限らず一つの格助詞が表わす名詞と動詞の間の意味関係は様々であって、であればこそ少数の格助詞で多種多様な関係を表現することができるのである。「木を切る」「湯を沸かす」「山道を歩く」の三種の関係が何故に「AヲBスル」という一つの形で表わされるのかを問うことはほとんどできないであろう。この形にはそのような何種かの用法があるのだと黙って受け取る以外にない。

　しかし、本書では、「木を切る」のような「動作・行為の対象」用法・「湯を沸かす」のようなタイプの表現（「穴を掘る」型表現）における「を」の用法・「山道を歩く」のような「移動の経路」用法が統一的・相互連関的に把握できることを示す（第Ⅰ部1章・3章）。
　また、国広（1986）は、「「に」は一方向性をもった動きと、その動きの結果密着する対象物あるいは目的の全体を本来現（sic）わしている」（p. 199）としながらも、「人になぐられる」のような「動作主」用法と、「人に教えて

もらう」のような受益構文の「に」を例外として扱っている。しかし、本書筆者（竹林）の見方では、「動作主」用法の「に」や受益構文の「に」も、他の「に」の諸用法と関連付けて統一的に説明できると考える（第Ⅱ部1章）。

確かに、従来も、「を」「に」を包括的・統一的に捉えようとした試みはあった。

例えば、「を」について、服部（1955：304）は次のように述べている。

> オの意義素[注1]は《それの結合する形式の表はす事物に、その結合した形式が統合される動詞の表はす動作・作用が加はること》簡略にいへば「対格」の一つで十分である。

また、国広（1987：11-12）は、「「を」は自動詞・他動詞にかかわらず《動作の成立のための必須条件を示す》語である」とする。

しかし、これら服部説や国広説の見方では説明困難な言語現象が存在する（詳しくは、第Ⅰ部1章で述べる）。

本書では、「を」の意味（語義）について、服部説や国広説の問題点を克服する代案を提出する。

「に」に関しても、「に」の多種多様な用法を包括的・統一的に説明しようとする研究がある。

上でも引用したが、国広（1986）は次のように述べている。

> 「に」は一方向性をもった動きと、その動きの結果密着する対象物あるいは目的の全体を本来現わしている（p.199）

ただし、国広（1986）は、受身文で動作主を表す「に」（e. g.「人になぐられる」）と受益構文の「に」（e. g.「人に教えてもらう」）について、上の見方では説明困難であるとしている（いわば例外扱いしている）。

上の国広（1986）の論を承け、受身文動作主標示用法の「に」や受益構文

の「に」も含めて「に」の諸用法に統一的説明を与えようとする研究として、堀川（1988）がある。また、菅井（2000・2001・2005）も、国広（1986）・堀川（1988）と同様の観点からの論である。

　一方、岡（2005）は、国広（1986）・堀川（1988）・菅井（2000・2001・2005）とは異なる見方から「に」の諸用法の統一的把握を試みている。

　しかし、いずれの先行研究にも問題点があり、「に」の諸用法の包括的・統一的説明に十分成功してはいないと考えられる（詳しくは、第II部1章で述べる）。

　本書では、「「に」は一方向性をもった動きと、その動きの結果密着する対象物あるいは目的の全体を本来現わしている」とする国広（1986）の見方を継承しつつ、国広（1986）で例外扱いされている二つの用法（受身文動作主標示用法の「に」と受益構文の「に」）について考察し、それら二用法を例外と見る必要がないことを（堀川［1988］や菅井［2000・2001・2005］とは異なる角度から）示す。

　上のように、本書執筆の動機の一つ目は、「を」「に」の諸用法が、「を」「に」それぞれにおいて包括的・統一的に把握可能であることを示したい、というところにある。

1.3.「を」「に」の精確な理解と、諸構文の分析

　「を」「に」の意味[注2]・機能に関して一書をものそうと考えた動機の二つ目は、小さなものにしっかりと目をとめることの重要性を強調したかったということである。

　「を」「に」は1モーラ・1音節の語である。しかし、次のような諸構文の性質を的確に捉えるためには、「を」「に」についての精確な理解が必要である。

（4）　太郎は朝早く家を出る。（移動構文［の一種］）
（5）　この仕事は太郎に手伝ってもらう。（受益構文）
（6）　太郎は次郎に弁当を作ってやる／あげる／くれる。（与益構文）

「を」「に」を「虚辞」などと言っているのでは、上のような諸構文を適切に分析することは不可能である。

「を」「に」を用いた、上掲のような諸構文を分析した研究には、影山（1996）・三宅（1996a・1996b）・鈴木（1972）などがある。しかし、これらの先行研究の中には、「を」「に」の意味・機能に十分な目配りをしていないことによって、妥当性を欠く分析となっているものが少なくない。

日本語教育のテキスト・参考書類においても、「（「を」「に」に関連する）これこれの構文には、しかじかの制約（使用上の条件）がある」といったことは書かれていたとしても（そうしたことすら書かれていないものが多いが）、何故そうした制約が存在するのかということについて、「を」「に」の意味・機能の点から説明していない場合が、しばしばある。

例えば、Makino & Tsutsui（1989：66-67）は、補助動詞「あげる」に関して次のように述べている。

> When the main verb is intransitive, *ageru* is not used along with *ni*. The following sentence is ungrammatical.
>
> (4)　＊私達はジョンに働いて**あげた**。
>   ＊*Watashitachi wa Jon ni hataraite **ageta**.*
>   (We worked for John.)
>
> In this case, *no tame ni* 'for the sake of' is used, as in (5).
>
> (5)　私達はジョン**のために**働いた。
>   *Watashitachi wa Jon **no tame ni** hataraita.*
>   (We worked for John's sake.)

上のように、Makino & Tsutsui（1989：66-67）は、補助動詞「あげる」に前接する動詞が自動詞の場合、「に」との共起は許されず、「のために」が用いられる、ということを指摘している。しかし、そうした制約が存在する

理由（即ち、「に」を使用することができないのは何故かということ）については、説明がなされていない。

　動詞文の形成において、「が」「を」「に」が重要な役割を果たしていることは確かである。しかし、これら「が」「を」「に」は、各々、「主格」「対格」「与格」のマーカーといった漠然とした名称が与えられるにとどまることも多く、「を」「に」の意味・機能についての本格的な分析がなされることは少ない。そして、そのことが諸構文の分析や日本語学習者への説明を不適切・不十分なものとしている。本書では、「を」「に」の意味・機能について十分に考察し、その考察を基に、「を」「に」を用いる諸構文（諸表現）を分析する[注3]。

1.4.「虚辞」について

　前節（1.3節）で「虚辞」について触れたので、この「虚辞」なるものについて筆者の考えを述べておきたい。

　国広（2005：41）は、宮岡（2002）の研究を引用しつつ、次のように言う。

>　「ている」の「て」のように語義をまったく持たない単語があり得るかという疑問が発せられるかもしれない。語彙の周辺部分にはあり得ることは、中国語や英語の虚辞を思い起こせば納得されよう。口調を整えたり、文構造を整えるために虚辞は用いられている。宮岡伯人（2002）は「語はまずカタチである」ことを力説した注目すべき研究である。特にその6.2「英語と中国語の「虚詞」」を参照されたい。簡単な例を挙げると、中国語では「ご飯を食べた？」という時、「吃飯啦嗎？」とも言うが、「吃了飯啦嗎？」とも言う。この「了」は口調を整える虚辞であるだろう。英語の天候などの 'it'、存在構文の 'there' も虚辞である。'but it'（バスで行く）、'hotel it'（ホテルに泊まる）、'lord it over…'（王侯然と振舞う）などの 'it' は目的語の位置を埋める虚辞である。日本語で「一旦緩急あれば」という時の「緩」はまったくの無意味である。「寄せては返す岸の波」、「作っては壊し、壊しては作るの毎日」など2つの動詞を「は」で繋ぐ一種の枠組み慣用句があるが、この「は」は提題の

助詞とはまったく異なるものであり、虚辞に近いものであろう。このように、語は形だけを残して存続し得るものなのである。

　まず、引用部分の冒頭、「「ている」の「て」のように語義をまったく持たない単語があり得るかという疑問が発せられるかもしれない」（下線、竹林）という箇所に関して検討してみたい。
　国広（2005）は、「「ている」という一種の助動詞の「て」の部分は語義的意味を持たず、アスペクト的機能しか果たさない」（p. 40）とし、次のように述べる。

「ている」というアスペクトの容器に完了と未完了のどちらかを入れるかは、その時の話し手の心理状態による。例えば「その本なら読んでるよ」は状況によって完了にも未完了（＝進行）にもなり得るが、普通は伝達を確実にするために、「その本ならもう読んでるよ」とか、「その本なら読んでるところだよ」のように言葉を足す。（p. 41）。

「ている」は、上の引用箇所にも見られるように「てる」（「でる」）と縮約形が用いられることもあり、現在においては、「て＋いる」と分析するのではなく、「ている」で一まとまりの、文法化した形式と捉えるのが妥当である。
　また、国広（2005）のように＜「ている」（の「て」）は、「話し手の心理状態」によって完了・未完了のどちらでも入るといった「アスペクトの容器」である＞と見るよりも、「「ている」は、「存続性」を表わす形式として統一的に把握される」（竹林2004a：102）という見方のほうが、

（７）　徳川家康は1603年に江戸幕府を開いている。

のような表現（「ている」の所謂「動作パーフェクト」用法）と、

(8) 徳川家康は1603年に江戸幕府を開いた。

という、「た」を用いた表現との相違を適切に説明することができる。「徳川家康は1603年に江戸幕府を開いている。」（(7)）は、徳川家康が1603年に江戸幕府を開いたということが、基準時（この場合は言表時）まで、変わらぬ事実として存続している、ということを表した表現である（cf. 竹林2004a：99-102）。一方、「徳川家康は1603年に江戸幕府を開いた。」（(8)）は、徳川家康が江戸幕府を開くという出来事が、1603年の時点で成立した既定の事柄である、ということを表現したものである（「た」の意味・用法については、竹林［2004a：94-98］で論じた）。国広（2005）の見方によれば、上のような「動作パーフェクト」用法における「ている」（の「て」）という容器には「完了」が入っていることになる。しかし、そう見たのでは、「た」とどのように異なるのか、即ち、「徳川家康は1603年に江戸幕府を開いている。」と「徳川家康は1603年に江戸幕府を開いた。」の違いは何なのか、ということがうまく説明できなくなるのではなかろうか（国広［1982］は、「た」について、「完了」を表す形式としている）。

次に、「寄せては返す岸の波」のような「は」について考えてみる。こうした「は」について、国広（2005）は、先に引用したように、「提題の助詞とはまったく異なるものであり、虚辞に近いものであろう」としている。しかし、この国広（2005）の見方は妥当でないと考えられる。助詞「は」には、主題提示用法・対比用法・強調用法・「東京は神田の生まれだ」型表現における用法など、様々な用法がある（後に2.2.1.3節で述べる）。そして、それら諸用法を貫く、「は」の本質的機能は、＜或る対象を特に取り立てて提示する＞という「特立提示」の働きである（竹林2004a：第Ⅱ部1章）。この特立提示機能は、次のように、「寄せては返す岸の波」のような「は」（「反復」を表す「は」）に関しても認められるものである。

「は」による、二動作の反復の表現の内実は、或る動作Aが起こると、それに伴って別の動作Bが起こるという関係の強さ、換言すれば、動作Aが起こ

れば動作Bも起こるという関係として理解される。即ち、大事なのは動作Aが起こることであり、その動作Aがあれば動作Bも付いてくる。よって、動作Bを付随させるところの動作Aに高いsaliencyが与えられるのは当然であり、ここに「は」の特立提示機能が働いていることが分かる。（竹林2004a：154）

「反復」を表す「は」は、主題提示の「は」と、本質的には同じ機能（特立提示機能）を担うものであり、「虚辞に近い」と見るのは適切でない。

また、中国語や英語の「虚辞」に関しても、「虚辞」と見なされている言語形式が語義を持たないと考えてよいのか、慎重に検討する必要がある（尤も、「虚辞」なるものの存在を認めるか否かの判断は、「語義」とは何かということについての考え方によって左右される面も少なからずあろう）。

例えば、三原（2004：第7章）は、英語の「虚辞」について、

（9） It is raining.
（10） It seems that John is a spy.
（11） There is a book on the table.
（以上、三原［2004：194］より）

のような「天候のit」（（9））・「外置のit」（（10））・「提示のthere」（（11））の働きを考察した結果、「虚辞は意味内容を有する実体」（p. 207）であるとしている。

既に注2でも述べたが、本書では、Langacker（1987a・1991・1999）等と同様に、全ての言語形式は「形」と「意味」の組み合わせ（form-meaning pairings）であると考える。「を」「に」も「虚辞」ではない（国広［1967・1986・1987・2005］においても、「を」「に」を「虚辞」であるとは見ていない）。

2．本書の目的と、研究の方法

2.1．本書の目的

本書では、次のことを目的とする。

- α．「を」「に」の諸用法を貫いて認められる、「を」「に」各々の本質的意味（「スキーマ的意味」）を明らかにする。
- β．「を」「に」の本質的意味の把握（上記 α）に基づき、「を」「に」が用いられる諸構文（諸表現）の性質や、それら諸構文の使用条件（或いは、使用上の制約）が存在する理由を明らかにする。

上の β について、各種の文法論で何を目指すかということとの関連で付言しておきたい。

文法論には様々な立場・考え方があるが、その立場・考え方によって、＜これこれの構文・表現には、しかじかの制約・特徴がある＞といったことの指摘・記述をもって十分な論であるとするか、そうした制約なり特徴なりが存在する根拠を問い、その根拠を明らかにしてこそ言語現象を説明したことになる（それが文法論の在り方だ）と考えるか、という違いがある。

このことに関して、尾上（1984：20）は次のように述べている。

> およそ文法に関する研究は、それが事実の記述を超えて何らかの論を立てようとするものであるかぎり、ある理論的立場を有する。特定の理論の枠組みを利用しての議論でない場合でも、一つの立場は、何を論ずることが文法論なのかということをめぐってある立場に立たざるを得ないという意味で、必然的にその理論的立場を主張することになる。すぐれた研究は新事実の発見とともに理論面での新しい提案を為していることが多い。従って現代語の文法研究を展望するに際しても、ある研究が事実面で何を明らかにしたかとい

うことと同時に理論面で何を主張しいかなる貢献をしたかということを見なければならない。ところが、文法研究上の理論的立場は実に様々である。一つの研究がある立場においては大きな貢献を為すものであっても別の立場からすればほとんど意味がないというようなこともあり得よう。それぞれの論文はそれぞれの立つ理論的立場において評価されるのでなければならない。また、一つの問題をめぐっていくつかの論文が異なった立論をしている場合は、それぞれの拠って立つ理論的立場の相異の反映としてそれを理解するのでなければならない。

また、尾上（1990：2-3）の、次の言も参照されたい。

①日本語の歴史的・実証的研究、②古典文学解釈の語学、③言語・意味についての哲学的思索、④現代語の実態把握のための研究、⑤実用のための日本語研究――これらの多様な側面にそれぞれ対応する文法研究が指摘できるが、それらは互いに密接な関係を持っているのであって、①から⑤までの中のいずれかのみを「科学的な文法論」として採り、他を捨てるのは得策ではあるまい。例えば、④の立場に立つ文法研究が⑤の文法記述の基盤にあるのは当然のことであるが、⑤が単に国語教育や日本語教育のための文法であることを越えて、計算機による情報処理のための文法というところまで広がって来ると、それは必然的に文法要素と文の意味との関係や、文自身の意味と表現の中での意味との関係についての理論的思索③を要求することになり、それは現代語についての記述的研究④よりもむしろ国学の「てにをは」研究の中の議論のあるものとの関係が深いと言えよう。これを逆に言うなら、②文学解釈の語学は、広義「てにをは」の微妙な表現性の差異とその存立条件を問題とすることを通して③を準備し、それが⑤の実用のために役立つということもあるのであって、①から⑤までの文法研究がそれぞれ独自の意義を持ちつつ、思わぬところで互いに他を支え合っているというようなあり方をしているのが、国語学の文法研究の面白いところであろう。そこでは、記述的興味と理論的興味と実用的要請とが隣り合っているという国語学の混質性が、かえってプラスに働くということになる。

金水（2004：155-156）は、尾上（1990）に関して次のように言う。

尾上（1990）では、日本語の文法研究者をその方法の特徴から分類する中で山田孝雄、森重敏、川端善明らを「根拠解釈派」と位置づけ、他の研究よりも上位に位置づけている。しかし、「根拠解釈派」が「国語学」の一部にとじこもってしまっているようではいけない。言語と認識の関係について関心を持つ人は専門を問わず山田文法を読むべきであるし、すでに山田文法を深く理解する研究者は、山田文法を一般言語学の一部に組み込んでいく努力をすべきである。

　しかし、尾上（1990）には（また、尾上［1984］にも）、「根拠・解釈派」を「他の研究よりも上位に位置づけている」ような箇所は見出せない[注4]。ただし、「根拠・解釈派」の文法論（即ち、「文法事実が事実としてそのようにあり得ることの根拠を問うことが文法論であるとする立場、あるいは言い換えて、表面の文法事実の背景にあるものを解釈して行こうとする立場」［尾上1984：20］をとる文法論）のほうが、他の文法論よりも言語の本質に迫るものである、と筆者（竹林）は考える。

2.2. 研究の方法

　本書では、「スキーマ」（schema）・「ベース」（base）・「プロファイル」（profile）といった認知言語学（cognitive linguistics）の概念を用いて助詞「を」「に」を分析する。そこで、以下、それらの概念について概説する。

2.2.1.「スキーマ」について

2.2.1.1.「スキーマ」の概念と、その性質

　Langacker（1987b：54）は、「スキーマ」（schema）を次のように規定している（括弧内の日本語訳は、竹林の試訳）。

　　A schema is an abstract template representing the commonality of the structures it categorizes, which thus ELABORATE or INSTANTIATE it.（大文字は原文のまま）
　　　（スキーマとは抽象的な型であり、それによって範疇化され、それを精密化

ないし例示化する諸構造の共通性を表す。）

　即ち、「スキーマ」とは、簡潔に言えば、＜或るカテゴリーの成員全てに共有される特徴として抽象されるもの＞といった概念である。
　或る言語形式・言語表現に関してスキーマを抽出することについては、そのスキーマの抽象度のゆえに、妥当性に欠ける（或いは、あまり意義が認められない）という見方がなされることもある（cf. Taylor 1995：67-68）。
　しかし、スキーマの抽象度の高さは、否定的・消極的に捉えられるべきものではない。池上（2000：138）は次のように述べている。

　　ここで言う〈スキーマ〉（竹林注：Langackerの言う意味での〈スキーマ〉）とは、高度に抽象的な心的イメージのことである。この点に関して重要なのは〈高度に抽象的〉であるという点であって、具体的な例で言うならば、かつて哲学者ロックが〈典型的な三角形〉のイメージとは「正三角形でも二等辺でもなく、また不等辺でもなく、同時にこれらすべてでもあり、かつそのいずれでもないようなもの」であると述べた程度に抽象度の高いものと考えればよいであろう。<u>抽象度が高いが故に、個々の具体的な場合に応じていろいろなやり方での特定化を許容するだけの融通性を内蔵しているわけである。</u>（下線、竹林）

　スキーマの抽象度の高さは、上引の池上（2000）の見方のように捉えるのが妥当である。

2.2.1.2. スキーマの概念を用いた意味分析の例──サ変動詞「する」を対象として

　ここで、サ変動詞「する」を考察対象にして、スキーマの概念を用いた意味分析の例を示してみたい[注5]。
　サ変動詞「する」は、日本語において基礎語中の基礎語であり、その語義については問う必要のないことのように思えるかもしれない。しかし、「する」の意味理解において、従来かなり一面的で偏りのある見方がなされてきた事実がある。本書では、そうした見方から離れ、「する」の多義性を確認

した上で、その多義性を包括的・統一的に解釈することによって、「する」の意味の本質（スキーマ的意味）を明らかにする。こうした考察を通して、一見特殊な「する」の用法についての説明も可能となる。

　さて、従来、「する」は、動詞「なる」に対するものとして考えられる傾向があった（cf. 池上［1981］、荒木［1983：30-44］）。森田（1989）も、「する」の諸用法を広く記述していながら、その語義について、「ある主体が（自身、あるいは何かを）その主体的な活動や在り方として、一つの状況を成立させる<u>行為・作用</u>。」（p. 571。下線、竹林）としている。

　「お／ご……する」「お／ご……になる」という待遇表現上の対立も、「する」を「なる」に対するものとして捉える見方を支持しているかのように見える。例えば、牧野（1996：175-176）は次のように言う。

　　　日本人にとって最高のあるべき姿は「自然」ですから、日本語では目上の人の行動をあたかも自然現象のように叙述するのがその人を敬う一番の方法なのです。ですから、尊敬敬語では「時が自然に経過して、ある別の状態、事態が現れ出る」（岩波古語辞典）という基本的な意味を持つ動詞の「なる」が使われるのに対して、謙譲敬語では、「なる」と鋭く対立して、対をなしている人為的、使役的な行動、従って反自然を表す「する」という動詞が使われるのではないかと思われます。

　確かに、「する」には、「勉強を<u>する</u>」「知らん振りを<u>する</u>」のように「動作・行為」を表す用法がある。そうした面についてだけ言えば、「する」は「なる」に対立する語であると言えよう。しかし、それをもって「する」の意味の本質と考えるのは、一面的な理解であると言わざるを得ない。なぜならば、「する」には、次のような用法もあるからである。

　(12)　この花、いい香りが<u>する</u>ね。
　(13)　どこからか変な音が<u>する</u>よ。

これら（12）（13）のほかにも、類例として、「〜の味がする」「〜のような感じがする」「〜という気がする」などが挙げられる。これらの「する」は、明らかに「自発性」を表すものであり、「なる」の対とされる「する」（「動作性の「する」）とは正反対とも言える性質を持つ。このような「する」に目を向ければ、「する」は「なる」に対するものである、などと簡単には言えなくなる。そうだとすれば、同じ「する」という言語形式の中に、これほどまでに異なる用法が共存するのは何故か、「する」の本質的意味（スキーマ的意味）は如何なるものか、ということが問題となる。
　では、「勉強をする」「知らん顔をする」のような「動作・行為」を表す用法と、「香りがする」「音がする」のような「自発性」を表す用法とは、どのように繋がっているのであろうか。
　手掛かりとなるのは、「動作・行為」というものが、実現して初めて「動作・行為」たり得るという事実である。例えば、「勉強をしよう！」と思っていたとしても、その段階ではまだ「勉強をしていない」のであり、実際に「勉強」という行為をなしてこそ「勉強をする」ことになる。目に見える形として表されることのない思考活動などの抽象的な行為でも同様のことが言える。「思索でもしようか」と思っていても、思索の種がなかったり周りが騒がしかったりして実現に至らなかった場合には、「思索をしていない」のであり、実際に頭の中で思索活動が行われてこそ（即ち、実現して初めて）「思索をする」こととなる。
　上に述べたことは当然とも言えるが、その事実に着目することによって、「動作・行為」を表す用法と、「香りがする」「音がする」のような用法との関連が見えてくる。「いい香りがする」というのは、芳香が放出され、表に表れていることであり、だからこそ、それを感じ取ることが可能となる。そのように外界に表れるものばかりでなく、「何となく彼が犯人のような気がする」など人間内部における出来事も、そういう「気」が生ずるからこそ「気がする」と言えるわけである。
　このように見てくると、「する」の、「動作・行為」を表す用法と、「香りがする」のような「自発性」を表す用法とは、或るものの〈現出〉という点

で共通点・結び目が見出されることが分かる。
　上では、「する」の用法として、「動作・行為」を表すものと、「香り・音など感覚的知覚対象の現出」を表すものとを見てきた。しかし、「する」の用法は、これら二種類のみではない。例えば、

　　(14)　このテーブル、いい色してるね。
　　(15)　君、いい体格してるな。

のような場合には、「属性」を表す。また、

　　(16)　しばらくして彼がやってきた。
　　(17)　それから三日して大地震があった。

といった場合には、「時の経過」を表す。
　これら「属性」や「時の経過」を表す用法も、〈現出〉という観点から説明することができる。即ち、「いい色／体格をしている」というのは、「いい色／体格を現出している」ということである。「いい性格をしている」のような表現は、明瞭な状態で目に見えない属性の現出（実現）である。また、「時の経過」の場合も、「しばらく／三日して」というのは、「しばらく／三日、時が現出（実現）して（＝流れて）」ということである。時は、とどまることなく経過するものであるから、「或る期間、時が現出（実現）する」というのは、自ずから継続的な現出（実現）を意味し、「或る期間、時が流れる」という意になる。
　以上、「動作・行為」「感覚的知覚対象の現出」「属性」「時の経過」を表す「する」が、いずれの場合も〈現出〉の意を有することを述べた。下では、一見特殊に見える「する」の用法も〈現出〉という観点から説明できるということを見る。

　　(18)　この本は千円する。

このような「値段」を表す用法は、一見、特殊なもののように思われる。しかし、これまで述べてきたように「する」が〈現出〉を表すものであるとすると、「千円する」のような用法も特別扱いする必要がないことが分かる。即ち、「千円する」という表現は、「値段が、千円分、現出している（→千円という値段である）」ということを表すものである[注6]。
　また、「する」は、文と文を繋ぐ接続表現として、次のような形で用いられる。

(19)　a．久しぶりに本屋に行った。すると、多くの新刊が出ていた。
　　　b．故郷のことが、ふと思い出された。すると、急に涙が溢れてきた。
(20)　今日は13日の金曜日だ。すると、来週の金曜は20日だな。

　(19)は時間的前後関係を表し、(20)は論理的関係（推論）を表す。後者については、「してみると」という表現もある。このような接続表現「すると」「してみると」も、〈現出〉という観点から無理なく説明できる。(19)は、「本屋に行くという行為を現出させる（＝行う）と」「故郷のことが思い出されるという事態が現出する（＝起きる）と」という意味である。また、(20)は、「前文の事柄（即ち、今日が13日の金曜日であるということ）を、前提として現出させる（＝設定・認定する）と」という意味である。
　上のように、「値段」を表す用法や接続表現としての用法も、「する」のスキーマ的意味を〈現出〉とすると、決して特殊な用法ではなくなる。
　ここで、サ変動詞「する」の意味・用法についての議論をまとめることにしたい。先にも述べたが、従来、「する」は、「なる」と対をなすものとして捉えられがちであった。しかし、「する」の諸用法を見ると、「する」の意味の本質は、「なる」と対比されるようなところにあるのではないことが明らかである。「する」のスキーマ的意味（本質的意味）は〈現出〉であり、「する」の諸用法は、この〈現出〉という観点から包括的・統一的に説明できるのであった。

以上、スキーマの概念を用いた意味分析が如何なるものであるのかということを、サ変動詞「する」を例として示した[注7]。

2.2.1.3. スキーマを明らかにすることの意義

　前節（2.2.1.2節）で見たように、或る言語形式の多義性を貫いて存在するスキーマを探ることにより、一見特殊な用法（「する」の場合であれば、「千円する」のような用法）の性質も明確になる。このことは、「する」についてのみならず、他の言語形式（例えば、助詞「は」「って」等）に関しても当てはまる。「は」にも、「東京は神田の生まれだ」型表現における「は」のような、特殊に見える用法が存在する。しかし、そうした一見特殊な「は」の在り方も、「は」のスキーマ的機能は何なのかという観点から考察を進める中で明瞭に見えてくる。むしろ、そうした特殊な用法にスキーマ的意味・機能がよく現れている[注8]。

　また、主題提示に働く諸形式間の（主題提示をする場合の）意味・用法の相違点についても、各形式のスキーマ的機能を押さえてこそ、十全に明らかとなる。具体的には次のようなことである。

　現代日本語における文（sentence）の「主題」は、下のような諸形式で提示される。

(21)　彼は賢いね。
(22)　彼って賢いね。
(23)　彼φ賢いね。

それでは、(21)～(23)において、意味は互いにどう異なるのであろうか。また、

(24)　A：田中君、今度、結婚するそうだよ。
　　　B：田中君って誰？

のような場合に「って」で主題提示をすることが可能なのに対して、

    (25)   A：田中君、今度、結婚するそうだよ。
               B：*田中君は誰？
    (26)   A：田中君、今度、結婚するそうだよ。
               B：*田中君 φ 誰？

のように、「は」や無助詞形式を用いることができないのは、なぜだろうか（「*」は、当該表現が不適格であることを示す）。
    或いは、

    (27)   昔々、或る所に、おじいさんとおばあさんが住んでいました。おじいさんは山へ柴刈りに、おばあさんは川へ洗濯に行きました。

という例では「は」が使用可能なのに、

    (28)   昔々、或る所に、おじいさんとおばあさんが住んでいました。*おじいさんって山へ柴刈りに、おばあさんって川へ洗濯に行きました。
    (29)   昔々、或る所に、おじいさんとおばあさんが住んでいました。*おじいさん φ 山へ柴刈りに、おばあさん φ 川へ洗濯に行きました。

のように、「って」・無助詞形式では表現できない理由は、どういうことなのであろうか。
    さらに付け加えれば、

    (30)   誕生日 φ おめでとう！

とは言えても、

(31)　＊誕生日はおめでとう！
(32)　＊誕生日っておめでとう！

と、「は」「って」を使った表現が不適格なのは、なぜであろうか。
　上のような諸問題に十分な説明を与えるためには、「は」・「って」・無助詞形式それぞれのスキーマ的機能を把握する必要がある。
　「は」であれば、主題提示用法のみならず、

(33)　私、彼みたいに速くは走れません。

のような、他との対比を表す用法や、

(34)　そんなこと、誰も言いはしないよ。

のような強調用法、また、

(35)　寄せては返す波を見ていると、心が静まりますよね。

といった反復用法、そして、先に言及した「東京は神田の生まれだ」型表現における「は」の用法等を含めて、「は」独自の働き・「は」のスキーマ的機能は如何なるものかを考察する、ということである。
　また、「って」の場合には、上で見たような主題提示の「って」((22))と、次のような諸用法とが如何に関連しているのかを考える必要がある。

(36)　花子は愛犬家だって誰かが言ってたね。（「言表内容の引用」用法）
(37)　a．私、彼の意見は正しいって考えてるんです。
　　　b．体の調子がどこか変だなって感じたら、無理しないで早く寝るのが一番だよ。

（「思考・感覚内容の引用」用法）

(38) 君って人は、一体どういう人間なんだ。
（「連体修飾関係構成」用法）
(39) こんな状況では、どうあがいたって無理だ。
（「逆接仮定条件句構成」用法）
(40) 今成功していたって、後々どうなるかは分からない。
（「逆接確定条件句構成」用法）

そして、無助詞形式については、無助詞形式による主題提示（(23)）を、

(41) 靴紐 φ ほどけてるよ。
(42) お腹もすいたし、そろそろ御飯 φ 食べようよ。
(43) どこ φ 行くの？
(44) 東京 φ 神田の書店街は有名です。

といった、助詞を使えば各々「が」「を」「に」（或いは「へ」）「の」が用いられるような用法や、

(45) 誕生日 φ おめでとう！（＝(30)）

のように無助詞形式でしか表現できない用法と関連付け、統一的に捉える、ということになる[注9]。

尾上（2003）は、「ラレル形述語をもつ文は一つの状況を「事態全体の生起」として捉える特殊タイプの文である」（p. 40）と把握し、次のように述べている。

> 一つの文法形式に固有の一つの「捉え方」を見てとり、その「捉え方」の適用の仕方としてその形式の諸用法の存在を（結果として表現する諸意味の出現の論理を）説明していく。それは、その形式の表現しうるいくつかの意味の間に薄い共通性を求めることとは全く別である。すべてのラレル文の中に

出来スキーマと呼ぶべき「捉え方」を見てとることによって、意味の面で多義性の構造（下線は、原文では傍点）が説明できたのだが、それだけではない。ラレル文はどのような意味の場合にどのような項を主語とするか、意味によって主語が違うのはなぜか、なぜ二重主語をとりうるのか、どのような場合に二重主語でありうるのか、というような統語面の現象、統語面と意味の面との相関をめぐって、なぜそのようにあるのかという論理が説明できたのである。このように一つの文法形式に一つの固有の事態の捉え方を考えていくことは、単に意味の面の説明に終るものではない。また、出来スキーマという一つの道具を使ってどのような意味を表現するか、言い換えればどのような表現目的のためにこの道具を使うか、その使い方を次々と発見的に創出していくところにこそ、言語の創造性があると言うことができる。時代によって異なりもするラレル文の意味の広がり方を出来スキーマの適用の仕方という目で見ていくことは、日本語を使う人々の類としての創造性を見ていくことにもなる。(pp. 40-41)

　本書で後に示すように、助詞「を」「に」の場合も、「を」「に」それぞれのスキーマに基づいて初めて説明できることが少なくない。

2.2.2.「ベース」「プロファイル」について

2.2.2.1.「ベース」「プロファイル」の概念

　上では、本書で用いる主要な認知言語学的概念のうち、「スキーマ」(schema) について述べた。以下では、「ベース」(base) と「プロファイル」(profile) の概念について見ることとする。

　「ベース」「プロファイル」について、河上（編著）［1996］は次のように解説している。

　　・ベース：
　　語の意味を得る際にその前提として概念化されるもので、プロファイルに対してその背景となるもの。例えば〈斜辺〉の概念における〈三角形〉、〈弧〉の概念における〈円〉など。(p. 210)

・プロファイル：
語の意味を得る際に焦点化される部分的な構造。例えば、〈斜辺〉の概念を得る時には、三角形の中のある一辺が焦点化されてプロファイルされていることになる。(p. 209)

上の解説で述べられているように、「プロファイル」は、「ベース」の或る特定の部分にスポットライトを当てる「焦点化」の働きである（本書では、「プロファイル」の代わりに「焦点化」という用語を使うことが多い）。

2.2.2.2. ベースとプロファイルの概念を用いた意味分析の例——動詞「とる」を対象として

それでは、スキーマの場合と同様に、ベースとプロファイルの概念を使用した意味分析の例を示すことにする（以下の内容は、国広［1994］を参考にしている[注10]）。

動詞「とる」は、次のような諸用法を有する（「とる」には極めて多くの用法があるが、ここでは基本的用法のみを挙げる[注11]）。

(46)　a. ハンドル／舵をとる。（「把握」用法）
　　　b. 目に入ったゴミをとる。（「離脱」用法）
　　　c. 太郎が次郎のおもちゃをとった。（「獲得」用法）

上のような、「とる」の多義性は、ベースとプロファイルの概念を用いて統一的に捉えることができる。
まず、「とる」のベースとして、次のような構図（＜或る対象を把握し、離脱させ、獲得する＞という一連の構図）が考えられる。

　　（対象の）把握　→　離脱　→　獲得

そして、「とる」の多義性（諸用法）は、上のベースの様々な側面をプロ

ファイルすることによって生ずるものである。

　　　|把握| → 　離脱　→ 　獲得

のように〈或る対象を把握する〉という部分をプロファイルしたのが「把握」用法（(46a)）であり（四角の枠は、当該部分がプロファイルされていることを示す）、

　　　把握　→ 　|離脱| → 　獲得

のように〈或る対象を離脱させる〉という側面をプロファイルしたのが「離脱」用法（(46b)）である。また、「獲得」用法（(46c)）は、

　　　把握　→ 　離脱　→ 　|獲得|

のように〈或る対象を獲得する〉という部分がプロファイルされたものである。
　上で見たように、言語形式の多義性は、〈或る構図をベースとし、そのベースの諸部分を焦点化（プロファイル）する〉ということによって生ずる場合がある。本書の考察対象である助詞「を」「に」に関しても、「を」「に」の多義性は、ベースとなる或る構図の諸領域が焦点化されることによるものと考えられる（詳しくは、第Ⅰ部1章ならびに第Ⅱ部1章で述べる）。

3．本書の構成

3.1．第Ⅰ部の構成

　本書の第Ⅰ部では、「を」について考察する。
　まず、第1章において、「を」の諸用法を確認した後、「を」の本質的意味

（スキーマ的意味）を探る。

　次いで、第2章では、「家を出る」のような「移動の起点」用法に関して、動詞の非対格性と関連付けて論じた三宅（1996b）の説[注12]や、認知言語学的観点から分析した菅井（2003・2005）等の論を見、それらの問題点を指摘する。そして、三宅説・菅井説に代わる見方（＜「移動の起点」用法の使用条件＞）を提示する。この章の論は、第1章の内容を補強するものであると同時に、「を」の本質的意味を精確に把握してこそ、「を」の使用に関する条件・制約の存在理由が適切に説明できる、ということを示すものでもある。

　第3章では、「穴を掘る」「湯を沸かす」のようなタイプの表現（「穴を掘る」型表現と呼ぶ）を分析し、同表現の性質、ならびに、同表現における「を」の用法について考える。この章では、「穴を掘る」型表現の考察を通して、文の意味が如何にして形成・理解されるのかという問題にも言及する。

　最後に、第4章においては、「太郎は次郎を、頭を叩いた。」のようなタイプの「二重ヲ格構文」（所謂「目的語所有者上昇構文」）について論ずる。この章では、まず、「動作・行為の対象」用法の「を」が単文中で複数回使用され難い理由を考える。その後、「目的語所有者上昇構文」で「動作・行為の対象」用法の「を」が二重に用いられ得るのは何故かという問題意識のもと、同構文の性質・成立条件について考察する。

3.2. 第Ⅱ部の構成

　本書第Ⅱ部は、「に」についての論である。

　第Ⅱ部1章では、「に」の諸用法を見た上で、それら諸用法の背後に存在する「に」の本質的意味（スキーマ的意味）について考察する。「に」の諸用法の中で特異に見えるのは、「先生に褒められる」のような「動作主」用法（動作主マーカー）の「に」である。本章では、〈視線の移動〉という観点を導入することにより、「動作主」用法の「に」を、他の「に」の諸用法とともに統一的に捉える。そして、この把握に基づき、「に」を用いた受身文（「に」受身文）と、

(47)　彼は会社から表彰された。
　　(48)　『雪国』は川端康成によって書かれた。

のような、「から」「によって」を用いた受身文（「から」受身文・「によって」受身文）との性質の違いを説明する。

　第2章では、「この仕事は太郎に手伝ってもらう。」のような受益構文（「〜にＶてもらう」構文）について分析する。この章では、受益構文に非対格動詞[注13]が使えないとする影山（1996）の説の問題点を指摘し、同構文の使用条件を「に」の本質的意味から説明する。

　続く第3章では、「太郎は次郎に弁当を作ってやる／あげる／くれる。」のような与益構文について考える。三宅（1996a）は、

　　(49)　花子は太郎に夕食を作ってやった。

のような文が適格であるのに対して、

　　(50)　＊花子は太郎に服を洗濯してやった。

といった文は不適格であるとし、そのような適格性の差が生ずる理由を、動詞と補助動詞「やる」との意味的呼応関係の在り方に求めている。本章では、この三宅説を検討し、上の(49)と(50)の間に見られるような適格性の違いは、動詞と「やる」との相関関係によってではなく、助詞「に」の意味と動詞句の意味との相関関係によって生ずるということを述べる。

　そして、第4章では、第Ⅱ部2章・3章の論に基づき、受益構文と与益構文の間に認められる非対称性について指摘・考察する。両構文は、

　　(51)　次郎は太郎に英語を教えてもらう。
　　　　　　　　　　　　　✕
　　(52)　太郎は次郎に英語を教えてやる／あげる／くれる。

のように、「与益者」(「太郎」)と「受益者」(「次郎」)の位置関係において対称をなすものであると考えられている (cf. 鈴木1972)。しかし、両構文の「に」格名詞句に着目すると、これら二つの構文の非対称性が見えてくる。本章では、受益構文と与益構文の非対称的な在り方について論じた後、言語学における、'SOURCE'(起点)と'GOAL'(到達点)の問題を考える。

3.3. 第III部の構成

　第III部では、「を」と「に」を対照し、「を」「に」間の類似点と相違点について考察する。

　まず、第1章では、「ハンカチ φ 落としましたよ。」「どこ φ 行くんですか？」のような、「を」「に」の所謂「省略」現象について考察する。そして、「を」「に」の「省略」が可能か否かを左右する条件は如何なるものなのかということや、「を」「に」の「省略」と「が」の「省略」との間には、どのような共通点・相違点があるのかということを明らかにする。

　次に、第2章では、「を」使役（e. g.「息子を買い物に行かせる」）と「に」使役（e. g.「息子に買い物に行かせる」）について考察する。「を」使役・「に」使役に関して、従来、二つの見方・立場があった。一つは、「を」使役と「に」使役との表現性の違いを明らかにしようとする研究である。もう一つの見方・立場は、「を」使役と「に」使役の意味的類似性から、両者間の意味上の相違を探ることに積極的意義を認めない論である。これらの先行研究を踏まえ、本章では、助詞「を」「に」のスキーマ的意味から「を」使役・「に」使役の性質を分析する。そして、「を」使役・「に」使役間の類似性・相違性を包括的に説明する。

第Ⅰ部　助詞「を」をめぐって

第1章 「を」のスキーマ的意味

1. はじめに

現代語の助詞「を」の用法は、次の三種に大別される。

a. 「移動の起点」を表す用法（e. g.「彼女は毎朝7時に家を出る。」）
b. 「移動の経路」を表す用法（e. g.「彼は、いつも、この道を歩いて駅まで行くんだよ。」）
c. 「動作・行為の対象」を表す用法[注1]（e. g.「狂犬が人を噛んだってさ。」）

益岡・田窪（1987：4）は、「格助詞の基本的用法」として、「を」に次の四つの用法を立てている（下の例も、益岡・田窪［1987：4］のもの）。

- 動作・作用の対象（e. g.「本を読む。」「財布を落とす。」）
- 移動の経路・動作の場所（e. g.「坂道を下る。」「階段を上がる。」「家の前を通りすぎる。」「空を飛ぶ。」）
- 期間（e. g.「楽しい時間を過ごした。」）[注2]
- 起点（e. g.「車を降りる。」「部屋を出る。」）

しかし、益岡・田窪（1987）では、これらの用法が相互に如何なる関連を持つのか、上の諸用法に共通する特徴は存在するのか、助詞「を」が上のような互いに異なる諸用法を有するのは何故か、といったことには言及していない。

本章では、「を」の多義的様相を包括的・相互連関的に説明し、そのスキ

ーマ的意味（即ち、「を」の諸用法を貫いて認められる本質的意味）を明らかにすることを目的とする[注3]。さらに、「を」の意味に如何なる認知様式（事態の捉え方）が反映されているのかということにも論及する。

　以下、まず、「を」の意味を包括的に捉えようとした先行研究を見、その問題点を指摘する（第2節）。次いで、そうした問題点を克服し、かつ、多様な「を」の意味・用法を一貫して説明することのできる筆者（竹林）の代案を提示する（第3節）。そして、最後に、「を」の意味に反映されている認知様式について、助詞「に」と関連させつつ述べる（第4節）。

2．先行研究と、その問題点

　「を」の種々の用法を包括的に捉えようとした研究として、従来、服部（1995）、国広（1967・1987）、山田（1981）、田中（1997）、田中・深谷（1998）等がある。本節では、これらの研究を概観し、所説の妥当性について検討する（菅井［1998・1999・2003・2005］の論については、次章で検討する）。

2.1．服部（1955）の説について

　服部（1955：304）は、「を」の「意義素」を次のように記述している。

　　オの意義素は《それの結合する形式の表はす事物に、その結合した形式が統合される動詞の表はす動作・作用が加はること》簡略にいへば「対格」の一つで十分である。

　これとほぼ同様の見方は、国広（1967）、田中（1997）、田中・深谷（1998）においてもとられている。
　しかし、こうした説では、次のような例を説明することが困難である。

（1） a．*昨日、家の近くで狂犬が人を噛みついたんだって。
　　　b．昨日、家の近くで狂犬が人に噛みついたんだって。
（2） a．*体当りでドアをぶつかったけど、ドアは開かなかったよ。
　　　b．体当りでドアにぶつかったけど、ドアは開かなかったよ。
（3） a．*この間、山手線だと思って総武線を乗っちゃった。
　　　b．この間、山手線だと思って総武線に乗っちゃった。

　（1）～（3）では、「人」「ドア」「総武線」に対して、各々「噛みつく」「ぶつかる」「乗る」という行為がなされている。よって、服部（1955）の記述からすると、これらの例では「を」が使えるという予測が成り立つ。しかし、実際は、上に示したように、「を」では不適格で、「に」を用いなければならない。この事実から、服部（1955）の説明では不十分であると言える注4。また、服部（1955）の見方によって、「彼女は毎朝7時に家を出る。」のような「移動の起点」用法や、「彼は、いつも、この道を歩いて駅まで行くんだよ。」のような「移動の経路」用法が、日本語（母語）話者の直観に合うように説明されるのか、ということに関しても疑問である。

2.2．山田（1981）の説について

　次に、山田説について見る。
　山田（1981：70、97）は、「を」の意味について、「行為の及ぶ範囲を示す」「［行為が対象の全体に及ぶ］ことを含意する」としている。
　しかし、この説でも、上の（1a）（2a）（3a）で「を」が不適格であることの理由を説明できない。仮に、（1a）（3a）に関して、「を」が使えないのは「を」の含意（＝「行為が対象の全体に及ぶ」）に反するためであると考えるとしても、それでは「狂犬が人を噛む」「ドアをノックする」など、行為が対象の全体に及ぶとは考えられない例が適格なのは何故か、ということが説明できなくなる。また、（2a）は、行為の及ぶ範囲が示され、かつ、行為が対象の全体に及んでいると見なされ得るにもかかわらず、「を」の使用が不可能である。さらに、「家を出て学校に行く」のように「移動の起点」

を表す例が、どのような意味で「行為の及ぶ範囲」を示しているのか、如何なる意味で「行為が対象の全体に及ぶ」ことを含意しているのか、疑問である。

2.3. 国広（1987）の説について

国広（1987：11-12）は、「道を歩く」「鳥は空を飛ぶ」「かどを曲がる」「入口を出る」「席を立つ」といった例を挙げて、「「を」は自動詞・他動詞にかかわらず《動作の成立のための必須条件を示す》語である」としている。

しかし、このように考えても、先の（1）〜（3）を説明することは難しい。なぜなら、「嚙みつく／ぶつかる／乗る」ためには「嚙みつく／ぶつかる／乗る」対象が「必須」であるにもかかわらず、「〜＊を嚙みつく／ぶつかる／乗る」のように「を」を用いることができないからである。

また、「会う」「出会う」「反抗する」「逆らう」なども、それらの相手（即ち、「会う／出会う／反抗する／逆らう」相手）が「必須」であるが、「〜＊を会う／出会う／反抗する／逆らう」と言うことはできない。

よって、服部（1955）・山田（1981）と同様に、国広（1987）の説も、助詞「を」についての説明として十分なものではないことが分かる。

3.「を」のスキーマ的意味

それでは、「を」の意味の本質（「を」の諸用法を貫いて認められるスキーマ的意味）は、どのようなものであろうか。

結論から先に言えば、「を」の各用法は図1のような構図を（背景［base］として）共有し、その構図のどの領域が焦点化（profile）されるかによって諸用法が生ずるものと考えられる[注5]。

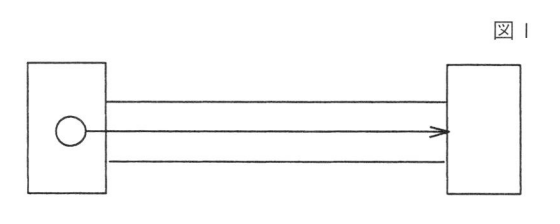

図1

図1は、移動の主体（左端の丸）が、その存在していた場（左端の長方形）を出て、経路（左側から右側に至る上下2本の線で示す）を移動し（場からの離脱と移動は、左端の丸から右端の長方形に伸びる線で示す）、別の場（右端の長方形）に至るという関係を表している。

以下、具体的に、図1の構図をもとに「を」の諸用法について説明していくことにする。

3.1.「移動の起点」用法

まず、「家を出る」「日本を離れる」のような、「移動の起点」を表す用法について見てみる。

この用法は、図2に示すように、＜移動主体がその存在していた場を出て、離れていく＞という部分が焦点化されたものと考えられる（焦点化されている部分は太線で囲って示す。以下、同様）。

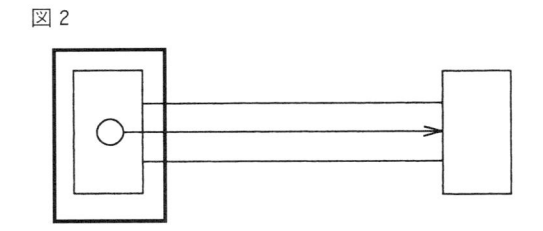

図2

「を」の「移動の起点」用法に関して、その「移動」を表す動詞は、或る場所からの「離脱」に重点をおく動詞に限られる。次の（4）〜（7）を参照されたい。

（4）　彼女は毎朝7時に家を出る。
（5）　その飛行機は次第にスピードを上げ、遂に滑走路を離れた。
（6）　（「新聞社前から」の意で）＊デモの一団は新聞社前を行進した。
（7）　（「何合目から」の意で）＊富士山って、ふつう何合目を登るの？

（4）（5）のように「出る」「離れる」という「離脱」の意を表す移動動詞の場合は、その移動の起点を「を」で示すことができる。これに対して、（6）（7）の「行進する」「登る」は、それらに対応する実際の行為（即ち、

「行進する」「登る」という行為）において或る場所を離れて他の場所へと移動するにもかかわらず、それらの動詞の意味が〈或る場所からの「離脱」〉ということに重点をおいていないために、「を」で移動の起点を表すことができない。全て「移動」というからには、或る場所から離れるという事態が必ず伴う。そうでなければ「移動」は成り立たない。しかし、全ての移動動詞が「離脱」に重点をおいた意味を有しているわけではない。これを言い換えるなら、全ての移動動詞が「離脱」を焦点化しているわけではない、ということである。「移動の起点」を「を」で表すことのできる動詞は、「離脱」を焦点化している移動動詞のみである[注6]。

　上のような言語現象が生ずる理由は、図2によって説明される。図2で焦点化されているのは、＜移動主体がその存在していた場を出て、離れていく＞という部分である。よって、移動の「離脱」部分を焦点化しない移動動詞とともに「移動の起点」を表す「を」を用いようとすると、意味の上で両者が適合・呼応しない結果を生み、その表現は不適格なものとなる。

　「から」を用いて移動の起点を表す場合には、＜「離脱」を焦点化する移動動詞を使用しなければならない＞という制約は存在しない。

（8）　彼女は毎朝7時に家から出る。（cf.（4））
（9）　その飛行機は次第にスピードを上げ、遂に滑走路から離れた。
　　　　　　　　　　　　　　　　　　　　　　　　　　（cf.（5））
（10）　デモの一団は新聞社前から行進した。（cf.（6））
（11）　富士山って、ふつう何合目から登るの？（cf.（7））

　これらの例から分かるように、「から」は、「離脱」を焦点化する移動動詞（「出る」「離れる」）・「離脱」を焦点化しない移動動詞（「行進する」「登る」）いずれとも共起し、移動の起点を表す。上のような移動表現に限らず、「から」は本質的に〈行為の起点〉を表す（cf. 本書第Ⅱ部1章4節）。一方、「を」にとって、起点用法は「を」の諸用法の中の一つである。そして、「を」によって「移動の起点」を表すということの内実は、＜移動主体がそ

の存在していた場を出て、離れていく（離脱後、経路を移動することを含意[cf. 本書第Ⅰ部2章]）＞という内容を表現することである。

3.2.「移動の経路」用法

次に、「道を歩く」「1コースを泳ぐ」のような、「移動の経路」を表す用法について見てみる。

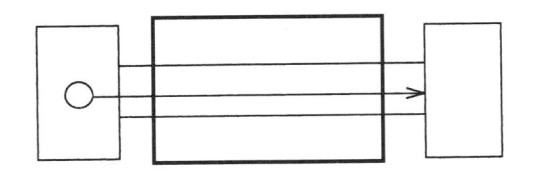

図3

この用法は、図1の構図中、＜移動主体が或る経路を移動して行く＞という部分が焦点化されたものである（図3）。

この図3によって、次のような言語現象が説明される。

(12) ＃変な人が道をぐるぐる回っている。（「＃」は、当該表現の適格性が文脈・場面によって変わることを表す）

(12)は、移動主体（「変な人」）が家の前の道でぐるぐる回っているというような意味の表現としては不適格であるが、町内のあちこちの（連続した）道をぐるぐると回って（即ち、巡って）いるという意味の表現としては適格な文である。これは、次のような理由による。「変な人」が家の前の道でぐるぐる回っているというのは、道の或る一地点で生じている行為であり、＜経路の一方から他方へ＞という「移動」とは言い難い。よって、＜移動主体が経路を一方から他方へと移動する＞という図3の内容に合致しない。しかし、町内のあちこちの道を回って（巡って）いるという事態は、経路の一方から他方へと移動主体が移動しているのだから、図3の内容に合致する。このような事情で（線2）の文の適格性が変わるものと考えられる。

なお、「移動の経路」は直線的でなくてもよい。

(13)　子供たちが公園を走り回っている。

(13)の場合、「公園」のあちこちが、子供たちが走り回る経路になっているものと見られる。

3.3 「動作・行為の対象」用法

では、「戸を叩く」「ボールを蹴る」のような、「動作・行為の対象」を表す「を」の用法は、どのように説明されるだろうか。

この用法は、図1の構図全体がハイライトされているものと考えられる（図4）。

図4

これまで見てきた「移動の起点」用法や「移動の経路」用法がおもに自動詞と共起する用法であるのに対して、この「動作・行為の対象」用法は他動詞と共起する用法である。例えば「戸を叩く」「ボールを蹴る」等の表す事態について考えてみたい。これらは、いずれも、動作主が対象（「戸」「ボール」等）に直接的に働きかける、という事態である。

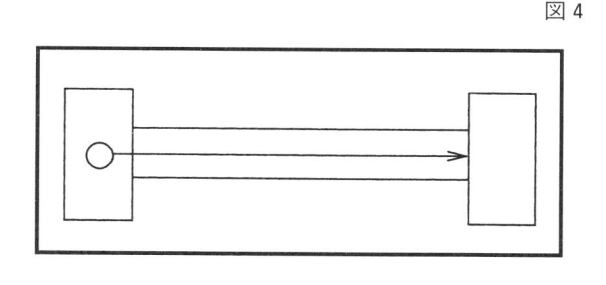

こうした、対象への直接的働きかけは、動作主から動作対象への〈エネルギーの伝達〉（'transmission of energy'）として捉えることができる。〈エネルギーの伝達〉は、換言すれば、（動作主から動作対象への）〈エネルギーの移動〉である。そうだとすれば、「移動の起点」用法・「移動の経路」用法と「動作・行為の対象」用法とで異なるのは、移動主体が何であるかということである。第二者では、移動主体は何らかの（具体的な）個体である（e. g.「飛行機が滑走路を離れた。」／「彼は、いつも、あの道を歩いて駅に行く。」）[注7]。一方、後者（「動作・行為の対象」用法）では、動作主から発せられる〈エネルギー〉が移動主体である。エネルギーが動作主から発せら

れ、移動し、動作対象に至る（伝えられる）、というのが「動作・行為の対象」用法（図4）の内実である[注8]。この〈エネルギー〉には、「戸を叩く」「ボールを蹴る」等の場合のような〈物理的エネルギー〉だけでなく、〈心的／知的エネルギー〉も含まれる（e.g. 〜を愛する／好む／信じる／望む／知る／確かめる／聞く、等々）。

　さて、「動作・行為の対象」を表す「を」が、上述のようにエネルギーの伝達、即ち、他に対して（物理的／心的／知的に）働きかける〈対他的働きかけ〉という意味を有していると見ることによって、様々な言語現象の説明が可能になる。

　まず、「移動の着点」が「を」によってではなく「に」によって表される、ということから考えてみる。次例は、本章第2節で先行研究に対する反例の一つとして挙げた文である。

(14)　a．＊この間、山手線だと思って総武線を乗っちゃった。（＝（3a））
　　　b．この間、山手線だと思って総武線に乗っちゃった。（＝（3b））

このように「〜を乗る」と言えないのは、「乗る」という行為が「総武線」に対する働きかけではなく、単に位置変化の移動を表すためである。
　それでは、次のような例は、どう考えたらよいであろうか。

(15)　a．＊昨日、渋谷で友達を会ったよ。
　　　b．昨日、渋谷で友達に会ったよ。
(16)　a．＊一部の中学校では、生徒が先生を反抗している／逆らっている。
　　　b．一部の中学校では、生徒が先生に反抗している／逆らっている。

これらの例も、〈対他的働きかけ〉の観点から説明される。即ち、「友達を会う」（(15a)）と言えないのは、「会う」が、「友達」に対して働きかける動作・行為を表していないからである。また、「先生を反抗する／逆らう」（(16a)）と言えないのも同じ理由による。確かに、「先生に反抗する／逆ら

う」という事態において、動詞「反抗する」「逆らう」は「先生」に向けられる行為を表す。しかし、だからといって、「先生」をどうこうするという働きかけを表してはいない。「反抗する」「逆らう」という行為は、あくまでも、その向けられる相手（上では「先生」）に対する主体（「生徒」）の在り方・態度を表していると考えられる。このことは、「反抗する」「逆らう」の対義語として「服従する」「従う」等が挙げられることからも分かる。

　最後に、上のような〈対他的働きかけ〉の観点から、先行研究に対する反例とした次の例を考えてみる。

(17) a. *昨日、家の近くで狂犬が人を噛みついたんだって。（＝（1a））
　　 b. 昨日、家の近くで狂犬が人に噛みついたんだって。（＝（1b））
(18) a. *体当りでドアをぶつかったけど、ドアは開かなかったよ。
　　　　　　　　　　　　　　　　　　　　　　　　　（＝（2a））
　　 b. 体当りでドアにぶつかったけど、ドアは開かなかったよ。
　　　　　　　　　　　　　　　　　　　　　　　　　（＝（2b））

　これらの例では、確かに「人」「ドア」に対して「噛みつく」「ぶつかる」という行為が加えられている。しかし、動作主からの働きかけが直接「人」「ドア」に対して加わっているとは見られない。

　(17)について言えば、動詞「噛みつく」は類義語「噛む」と異なり、《噛んで、動作主の歯／牙を対象に密着させる》という意味を表す（この両者の違いは、形態素「つく」の有無による）。よって、(18)の「人」は、「歯／牙」の密着の対象であり、「噛みつく」という行為の向けられた目当てとするのが適当であると言える。

　同様に、動詞「ぶつかる」も、(18)の用法では、体が（ドアに）ぶち当たるようにするという意味であるから、働きかけの対象は「体」であり、「ドア」は「ぶつかる」という行為が向けられた目標・目当てということになる。このように「体」が働きかけの対象になっているということは、「ぶつかる」を他動詞形「ぶつける」にしてみると分かる。

(19) 体当りで体をドアにぶつけたけど、ドアは開かなかったよ。

　上のように、先行研究では説明困難な「〜＊を／に乗る」「〜＊を／に噛みつく」「〜＊を／にぶつかる」「〜＊を／に会う」「〜＊を／に反抗する／逆らう」等の例は、いずれも〈対他的働きかけ〉の観点から無理なく説明される。
　ここでの分析のポイントは、「動作主が働きかける対象」と「行為が向けられる／加えられる対象（目当て）」とを、概念上、区別したことである。
　それでは、次のような例については、どのように考えればよいであろうか。

(20) 彼女は、道で転んで、手の骨を折った。
(21) 暴漢に襲われた男性が、頭を血まみれにして倒れていた。

　(20) は、「手の骨」に対して《（それが）折れるということを経験した》ということであり、(21) は、「頭」に対して《（それが）血まみれになるということを経験して（即ち、そういう状態になって）》ということである (cf. 天野2002：第6章)。
　「ボールを蹴る」のような場合、伝達される〈エネルギー〉は〈物理的エネルギー〉であり、「世の中の出来事を知る」「神を愛する」のような場合は、各々〈知的エネルギー〉〈心的エネルギー〉が伝達されるものと捉えられるのであった。上の (20)(21) のような「動作・行為の対象」用法における〈エネルギー〉は、〈経験的・体験的エネルギー〉とでも呼ぶべきもの（いわば〈受動的能動〉を表すもの）である。
　先に、「動作・行為の対象」用法について〈対他的働きかけ〉という性質を指摘したが、この性質は、(20)(21) のような例（「動作・行為の対象」用法の非典型例の一つ）に関しては当てはまらない。このことは、「動作・行為の対象」用法において〈対他的働きかけ〉という概念がさして重要性を持たないことを示すものとしてではなく、(20)(21) のような例の特殊性を

示すものとして了解される。

　勿論、〈経験的・体験的エネルギー〉といっても、次の（22）のような例は、先の（20）（21）と性質が異なる。

　（22）　彼女は、長年かけて世界旅行をした。

　この（22）の場合は、「彼女」が自分の意志で「世界旅行」を経験・体験したことを表す。これに対して、先の（20）（21）では、「彼女」「男性」が自分の意志で「手の骨を折る」「頭を血まみれにする」という経験・体験をしたわけではない。
　また、（20）（21）の例は、次例のようなものとも性質を異にする。

　（23）　その子は、周囲の制止を聞かずにはしゃぎ続け、ついには自分の歯を折った。

　（23）でも、「その子」は、「自分の歯が折れる」という経験・体験をした主体である。しかし、先の（20）（21）とは異なり、（23）の表現には《その子が、自分の歯が折れるという目にあったのは、その子自身のせいである》というような含意が感じられる。（20）（21）には、「手の骨が折れたこと」「頭が血まみれになったこと」についての責任を「彼女」「男性」に帰するような含意はない。（23）は、「その子は、自分で自分の歯を折った」とでもいうような〈働きかけ〉の表現をとることによって、「その子」に責任を帰する意を表しているものと考えられる。

3.4.「状況」用法

　『明鏡国語辞典』（「を」の項）は、格助詞「を」の用法の一つとして、「動作・作用が行われる周りの状況を表す」という用法を立て、次の例を挙げている。

(24)　雨の中を横断歩道を駆け抜ける。
(25)　吹雪の中を捜索を続行する。

　こうした「を」の用法（いわば「状況」用法）は、「動作・行為の対象」用法の一種（やや特殊な［即ち、典型性の低い］「動作・行為の対象」用法）であると考えられる。上の（24）（25）の表現は、「雨／吹雪の中」という状況に抗して「横断歩道を駆け抜ける／捜索を続行する」、という意味を表す。「動作・作用が行われる周りの状況」は、当該の動作・行為にとって不都合なものに限られない。

(26)　満天の星の下を海岸を歩いた。
(27)　穏やかな春の陽の中を公園を散策した。
(28)　観衆の声援の中を折り返し地点を通過した。
　　　　　　　　　（上の3例は、いずれも、杉本［1993：29-30］より）
(29)　澄んだ空気の中を山道を散歩する。

　上の（26）〜（29）のような表現には、勿論、〈〜という状況に抗して〉という含意はない。こうした場合、「状況」用法は、〈〜という状況に対して〉というような意、或いは、動作・行為の行われる状況として認知される対象を表す。
　また、「状況」用法は、「移動の経路」を表す用法と近い面を持つ（cf. 杉本1993）。例えば、

(30)　太郎は急な坂を自転車を一生懸命押した。（柴谷［1978：262］より）

という例における「急な坂」は、「自転車を一生懸命押す」という行為が行われた「状況」でもあり、自転車を一生懸命押して移動した「経路」でもある。この場合、「急な坂を」の「を」が「状況」用法・「移動の経路」用法のいずれであるかは、（30）の文に〈「急な坂」という状況に抗して〉という含

意がどの程度あるかによる。「急な坂」「一生懸命押した」といった語句から、(30)の場合は「状況」用法に傾くように見られる。しかし、

(31) 太郎は、なだらかな坂を自転車を一生懸命押した。
(32) 太郎は急な坂を自転車をかるがると一気に運んだ。

となれば、〈～という状況に抗して〉という含意は相当薄くなり、「状況」用法とは言い難くなる。
　なお、菅井(2005)は、「状況」用法について、「空間的な[経路](竹林注：「移動の経路」用法のこと)からの隠喩的拡張」(pp. 103-104)であると考えている。しかし、次例を見られたい。

(33) 花子は雨の中を傘もささずに立ち続けた[注9]。

(菅井［2005：103］より)

「立ち続けた」という述語を持つ(33)の文において、「雨の中」は非経路的である。こうした例から、「状況」用法を「移動の経路」用法からの隠喩的拡張とする見方には問題があると考えられる。

3.5. 本節のまとめ

　以上、本節(第3節)では、助詞「を」の諸用法が〈移動主体が、その存在していた場を出て、経路を移動し、別の場に至る〉という構図(図1)を「背景」(base)としていること、そして、この構図のどの領域が「焦点化」(profile)されているかによって「を」の諸用法が生じていることを明らかにした。
　次節では、「を」の意味・用法に人間の如何なる認知様式(事態認識の在り方)が反映されているのかということについて考えたい。

4. 「移動の着点」用法の不存在に関して：「過程－帰結」の認知様式

　前節（第3節）で見たのは、「を」の諸用法が、＜移動主体が、その存在していた場を出て、経路を移動し、別の場に至る＞という構図をベースとし、その諸領域を焦点化したものだということである。ここで、次のような疑問が生じ得る。それは、「を」が、

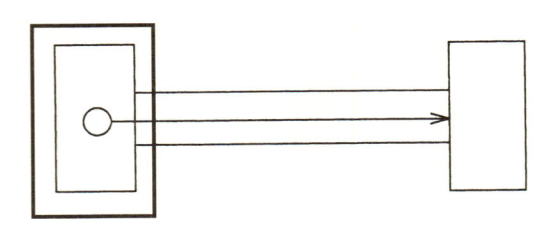

のように、＜移動主体が、その存在していた場を出る＞という側面を焦点化する「移動の起点」用法や、

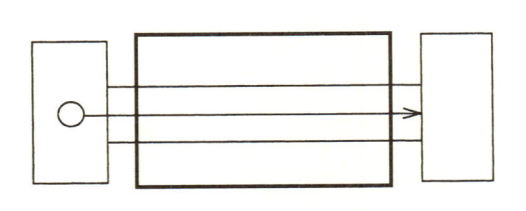

のように＜移動主体が経路を移動する＞という部分が焦点化される「移動の経路」用法を有しているのに、なぜ、

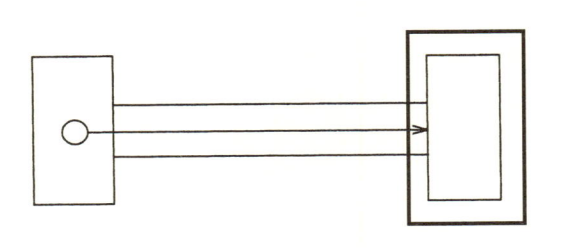

のように、＜移動主体が別の場に至る＞という部分を焦点化した用法を持たないのか、ということである[注10]。

　この問題に対して、「＜移動主体が別の場に至る＞という事態は助詞「に」によって表されるからだ」といった説明では不十分である。なぜなら、このような説明では、＜移動主体が別の場に至る＞という事態が「を」ではなく

他の助詞（「に」）によって表現される理由を明らかにし得ていないからである[注11]。

　「を」が、「家を出る」（「移動の起点」用法）・「道を歩く」（「移動の経路」用法）のように用いられ、かつ、「家を着く」ような、いわば、「移動の着点」用法をも持つならば、「を」は、その「ベース」（＜移動主体が、その存在していた場を出て、経路を移動し、別の場に至る＞という構図）の諸領域を十分に生かすことになり、経済的なのではないだろうか。なぜ、敢えて、移動の最終部分（即ち、到達の部分）は、他の助詞（「に」）で表現しようとするのか。

　その理由は、動的事態（ここでは「移動」）の「過程」（PROCESS）と「帰結」（RESULT）を区別して捉えようとする認知様式（事態認識の在り方）にあると考えられる。「過程」と「帰結」の区別は、「未完了」と「完了」の区別と言い換えてもよい。移動の「起点」「経路」は移動の「過程」に該当し、移動の「着点」は移動の「帰結」にあたる。「過程」（「未完了」）と「帰結」（「完了」）を分けて捉える認知様式は、日本語母語話者のみならず、（言語表現の上に顕在化するにせよ、潜在的にのみ存在するにせよ）人間一般に共有されているものであると想定される（cf. 国広2005）。

5．おわりに

　以上、本章では、助詞「を」のスキーマ的意味（「を」の諸用法を貫いて認められる意味）を明らかにし、「を」の多義的様相を包括的・相互連関的に説明した。結論の骨子を次にまとめておく。

① 「を」の諸用法は、＜移動主体が、その存在していた場を出て、経路を移動し、別の場に至る＞という構図を（背景 [base] として）共有している。
② ①の構図のどの領域が焦点化されるかによって「を」の諸用法が生ずる。「移動の起点」用法は＜移動主体が、その存在していた場を出る＞

という部分、「移動の経路」用法は＜移動主体が経路を移動する＞という部分が、それぞれ焦点化されたものである。これら二つの用法とは異なり、「動作・行為の対象」用法は、移動主体が〈エネルギー〉であり、それが動作主から発せられ、移動し、対象に至るという構図全体がハイライトされたものである。

　また、本章では、「を」が移動の「起点」「経路」を焦点化する用法を持ちながら移動の「着点」を焦点化する用法を持たないことに着目し、この言語現象に、＜動的事態（ここでは「移動」）の「過程」(PROCESS) と「帰結」(RESULT) を区別して捉えようとする認知様式＞が反映されているとした。

第2章　「を」の起点用法の使用条件をめぐって

1．はじめに

　助詞「を」の用法には、前章で見たように、「移動の起点」を表す用法（以下、「起点用法」と略する）がある。

　（1）　a．太郎は、もう家を出ました。
　　　　b．ほら、飛行機が滑走路を離れるよ。

　本章では、こうした起点用法の「を」の使用に関わる条件（のうちの一つ）と、その使用条件が存在する理由について考察する[注1]。
　以下、まず、先行研究を見、その問題点を指摘する（第2節）。次いで、先行研究の問題点を克服する筆者（竹林）の代案を提出する（第3節）。そして、最後に、代案で提示される、「を」の起点用法の使用条件が、何故そうした在り方で存在するのかという理由を、「を」の本質的意味（スキーマ的意味）と関連付けて説明する（第4節）。

2．先行研究と、その問題点

　本節では、まず、三宅（1996b）の所説を見、その問題点を指摘する。その後、菅井（1998・1999・2003・2005）の論について検討を行うことにする。

2.1. 三宅説の概観

「を」の起点用法の使用条件について、三宅（1996b：145）は次の一般化を提示している（（2）は、三宅［1996b：145］からの直接の引用である）。

(2) <u>三宅（1996b）の一般化</u>：
意志的にコントロールされない移動の場合は、［起点］は対格で標示できない[注2]。

この一般化は、次のような例を根拠に立てられたものである。

(3) 太郎が部屋ヲ／カラ出た。
(4) けむりが煙突*ヲ／カラ出た。

(いずれも、三宅［1996b：145］より)

（3）の「出た」は意志的に（即ち、主部項目［「太郎」］の意志によって）コントロールされた移動であるため、その起点を対格「を」で標示できる。一方、（4）の「出た」は意志的に（主部項目［「けむり」］の意志によって）コントロールされた移動ではないから、その起点を「を」で標示することができない、ということである。

また、

(5) 新幹線が東京駅ヲ出発した。（三宅［1996b：145］より）

といった例は、「乗り物」が人の意志的なコントロール下にあると見なせるため、（2）の一般化に対する反例にはならない、としている[注3]。

そして、三宅（1996b：156）は、（2）の一般化を、統語構造における非対格性によるものと説明する。即ち、（4）における「出る」のような、意志的にコントロールされない移動を表す自動詞（非対格動詞）は、その主格

名詞句が動詞句の補部位置（他動詞の目的語相当の位置）に場所を占めるため、動詞句の補部位置を場とする対格名詞句が（その位置を既に占められていて）出現不可能になる、ということである。

2.2. 三宅説の問題点

しかし、＜意志的にコントロールされない移動の場合は、[起点]は対格で標示できない＞という三宅（1996b）の一般化（(2)）は、「を」の起点用法の使用条件として適切でないと考えられる。というのは、この一般化では、次のような例が説明困難だからである。

(6) 煙が煙突を出て、大気中を漂っている。
(7) 血は心臓を出て、体中を巡っている。

(6)(7)の「出る」は意志的にコントロールされない移動である（と見なされる）から、三宅（1996b）の一般化によれば、その起点を「を」で標示することができないはずである[注4]。しかし、実際は、起点用法の「を」が使用可能である[注5]。

上のように、三宅（1996b）の一般化は妥当性に欠けるものであると言える。したがって、＜「を」の起点用法の使用が統語構造における非対格性によって制約されている＞という三宅（1996b）の見方も成立しないことになる[注6]。

2.3. 菅井説についての検討

菅井（1998・1999・2003・2005）は、「ヲ格（対格）」について、《事象の過程》をプロファイル（焦点化）するものであると考えている。次例を見られたい。

(8) a. 社長が支店を京都から大阪に移した。
    b. 太郎が花子を係長から課長に抜擢した。

(いずれも、菅井［2005：97］より)

　これらの「を」は「動作・行為の対象」用法である。上の例について菅井（2005：97）は次のように言う。

　　(2a)［竹林注：上の（8a）］で「移す」という事象において働きかけを受ける側の対格「支店」は働きかけを与える側の主格「社長」と対峙する関係にあり、しかも、空間的に奪格の「京都」と与格の「大阪」の中間に位置することになる。同時に、(2b)［竹林注：上の（8b）］のような抽象的な変化においても対格の「花子」は奪格の「係長」と与格の「課長」の間をたどることになる[注7]。

　そして、起点用法についても、菅井（2005）は、移動が意志的にコントロールされているか否かを問題とする三宅（1996b）の見方を否定した上で、次のように述べる（菅井［1999・2003］にも同じ論が見られる）。

　　［起点］を対格で標示できるかどうかは、主格 NP の意志性が本質的な問題なのではなく、離脱の《過程》をプロファイルできるか否かに帰着されるのである。(pp. 102-103)

「離脱の《過程》をプロファイルできるか否か」ということに関しては、次のような場合に離脱過程のプロファイルが容易になるとされている（以下は、菅井［1999・2003・2005］の論から竹林がまとめたもの）[注8]。

① 主格 NP が自律的（内在的）な可動力を持っている場合
② 主格 NP が自律的可動力を持っていなくても、主格 NP を動かす外的な力が明示されている場合

　例えば、

（9） 台風6号は日本列島を離れ、海上で熱帯低気圧に変わりました。

（菅井［2005：102］より）

という表現が適格なのは、「「台風6号」が［一意志］であっても自律的な可動力を十分もっていることを百科事典的知識として話者が知っているため」（菅井2005：102）、即ち、上の①の場合に該当するためである、と説明されている。また、

(10) 増水で川の流れが急に速くなり、丸太が川岸を離れ始めた。

（菅井［2005：102］より）

という文で起点用法の「を」が使用可能なのは、「主格NPが［一意志］であっても文脈から主格NPを動かす外的な力が明示的に与えられ」（菅井2005：102）ているから（即ち、上の②の場合に該当するから）である、と述べられている。

しかし、次例を見られたい。

(11) 煙が煙突を出て、大気中を漂っている。(＝(6))
(12) 加古川右岸自転車道は平荘湖辺りから川岸を離れ、畑やら溝沿いに権現ダムへ向かいます。

（「http://www.doblog.com/woblog/myblog」より）

これらの例で、「主格NP」（「煙」「加古川右岸自転車道」）は自律的可動力を持っているとは見なし難いし、「主格NP」を動かす外的な力が明示されているのでもない（即ち、先の①②のいずれの場合でもない）。にもかかわらず、(11)(12)で起点用法の「を」を用いることができる。

また、上の(11)が適格であるのに対して、「煙が煙突を出た。」(cf.(4))という表現は不自然である。この適格性の差が「離脱の《過程》をプロファイルできるか否か」によって生ずるとは考えにくい。

森山（2005a：75）も、起点用法の「を」について、「プロファイル」という概念を用いて次のように言う。

> カラと同様、起点を表す格助詞にはヲがあるが、ヲはプロトタイプとしてはある動力連鎖において、目標領域に属する受動的参与者である[注9]。このことから、本来的には動作主との動力連鎖をベースとしているが、「移動」の面に焦点が向けられると、動力連鎖の最下流の場所（＝起点）がプロファイルされている。これがヲの起点用法である。

しかし、「動力連鎖の最下流の場所（＝起点）がプロファイルされている」とするのみでは、菅井説と同様、「を」の起点用法をめぐる言語現象を十分に説明することは困難である。

3．代案：移動経路の含意

前節（第2節）では、「を」の起点用法について先行研究を概観し、それらの説の問題点を指摘した。
　それでは、「を」の起点用法に関する使用条件は如何なるものであろうか。まず、次の対を比べてみる。

(13)　けむりが煙突*ヲ／カラ出た。（＝（4））
(14)　煙が煙突を出て、大気中を漂っている。（＝（6））

「を」が使用できない(13)と「を」の使用が可能な(14)との間に見られる主要な相違は、「大気中を漂っている」という部分の有無である。それでは、「大気中を漂っている」という表現が加わると起点用法の「を」が使用可能になるのは、なぜであろうか。その理由は、「大気中を漂っている」が移動の経路を表しているからであると考えられる。「*煙が煙突を出た。」（(13)）では、移動の経路は（コンテクストの支えがない限り）含意されが

たい。
　この〈移動経路の含意〉ということに注目して次例を見てみたい。

（15）　血は心臓を出て、体中を巡っている。（＝（7））

　この（15）でも「体中を巡っている」という部分が移動の経路を表し、「血は心臓を出て」と、「を」の起点用法が使用できる。「体中を巡っている」を取り除いて「血は心臓を出る。」にすると、「を」の使用の自然さが（15）に比して落ちるように感じられる。しかし、それでも、「*煙が煙突を出た。」（（13））よりは「を」使用の許容度が高いのは、「血が心臓を出る。」のほうが「*煙が煙突を出た。」より移動経路の含意度が高いためであると見られる（即ち、血は心臓を出て体内を移動するものだという認識のほうが、煙が煙突を出て大気中を移動するものだという認識より強いということであり、このことは、煙が煙突を出て直ちに消えてしまい得ることからも首肯される）。
　次の例を見られたい。

（16）　太郎が部屋ヲ／カラ出た。（＝（3））

　この例で「を」の使用が可能なのは、「太郎」が部屋を出れば、どこかを移動して、どこかに行くだろうということが自然に予想される――移動経路が含意される――ためである。

（17）　台風6号は日本列島を離れ、海上で熱帯低気圧に変わりました。
　　　　　　　　　　　　　　　　　　　　　　　　　　　（＝（9））
（18）　増水で川の流れが急に速くなり、丸太が川岸を離れ始めた。
　　　　　　　　　　　　　　　　　　　　　　　　　　　（＝（10））
（19）　加古川右岸自転車道は平荘湖辺りから川岸を離れ、畑やら溝沿いに
　　　　権現ダムへ向かいます。（＝（12））

これらの例で起点用法の「を」が使用可能であるのも、(「離脱の《過程》をプロファイルできる」[菅井2005]からではなく) 移動経路（各々、「海」「川」「畑やら溝沿い」）が含意されているからなのであった。
　以上から、「を」の起点用法に関して次の使用条件が存在すると言える。

(20)　「を」の起点用法の使用条件：
　　　起点用法の「を」を使用することができるのは、当該表現に移動の経路が含意されている場合に限られる。

　但し、上で見たように、〈移動経路の含意〉ということは、移動経路が含意されるか否かのいずれかという問題ではなく、含意度が高いものから低いものへと段階を成している。したがって、起点用法の「を」の使用に関しても、使用可能か不可能かのいずれかに分かれるのではなく、自然に使用できるものから使用不可能なものまで段階的になっている。

4．「を」の起点用法の使用条件と、「を」のスキーマ的意味

　それでは、「を」の起点用法に先の使用条件（(20)）が存在するのは、なぜであろうか。その理由は、前章（第Ⅰ部1章）で明らかにした、「を」のスキーマ的意味（「を」の諸用法を貫いて認められる本質的意味）から説明される。
　「を」のスキーマ的意味は、図1に示すように、〈移動主体が、その存在していた場を出て、経路を移動し、別の場に至る〉という構図であり、「を」の諸用法は、この構図を背景（base）として共有しているのであった。
　そして、上の構図のどの領域が焦点化されるかによって各用法が生ずる

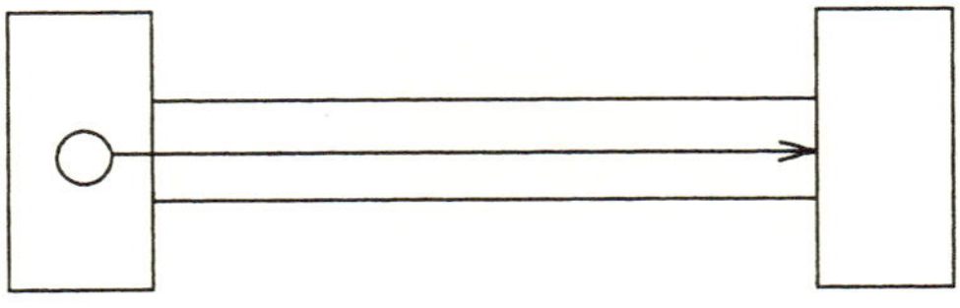

図1

のであり、起点用法は、次の図2のように、＜移動主体が、その存在していた場を出る＞という部分が焦点化されたものである（前章第3節を参照。焦点化されている部分を太線で囲って示す）。

しかし、ここで重要なのは、起点用法において、＜移動主体が、その存在していた場を出る＞という部分が焦点化されているとしても、＜経路を移動し、別の場に至る＞という部分も、背景（base）として意味の上で生きている、ということである。よって、移動主体について、その存在していた場からの離脱を表しているとしても、それが経路を移動して、やがては別の場に至る（或いは、至るであろう）という含意がない場合には、上のような「を」のスキーマ的意味の在り方からの必然的帰結として、「を」を用いることができないことになる。

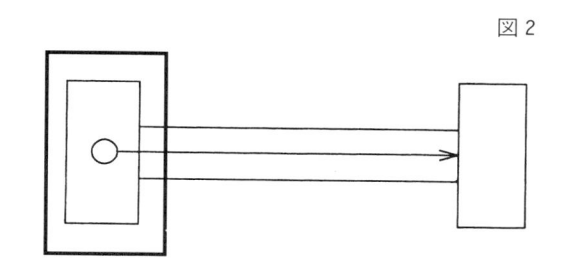

図2

なお、(20) の使用条件では、「移動の経路が含意されている場合」とあって、移動の到達点のことが示されていないが、その理由は、移動の経路（移動主体が経路を移動すること）が含意されていれば、それに伴って移動の到達点の存在（経路を移動する移動主体が或る場に至る［或いは、至るであろう］こと）も自ずと含意されるからである。よって、「を」の起点用法の使用に関して鍵となるのは、やはり＜移動経路の含意＞であると言える。例えば、「太郎が部屋を出た。」((3)) について言えば、「太郎」が部屋を出て「どこか（経路）を移動する」ことが含意されていれば、自然、「どこかに至る（だろう）」ということも含意されることになる。

以上のように、「を」の起点用法に関して (20) の使用条件が存在する理由は、「を」のスキーマ的意味の在り方から説明される[注10]。

川端 (1986：25-26) は、起点用法 (「離点の関係」) について、「一つの領域を通過するということが終結する、そのとき、その領域としての全体を対

象としてそこから離脱するという関係に、それ（竹林注：起点用法）を把握することができるであろう」と述べ、「通過」を「離点」の前段階に位置づけている（「起点」［カラ］→「通過」［ヲ］→「離点」［ヲ］という関係で図示されている）。しかし、「を」のスキーマ的意味においては＜「離点」（離脱）→「通過」（経路移動）＞（離脱した後、経路を移動する）という関係なのであり、このように把握してこそ「を」の起点用法に関する言語現象も説明可能となるのであった。

5．おわりに

　以上、本章では、「を」の起点用法の使用条件（のうちの一つ）と、その使用条件が存在する理由について考察した。その結果は次のようにまとめられる。

① 起点用法の「を」の使用は〈移動経路の含意〉ということから条件付けられている。即ち、起点用法の「を」を使用することができるのは、当該表現に移動の経路が含意されている場合に限られる（言い換えれば、当該表現に移動の経路が含意されない場合、起点用法の「を」を使用することはできない）。

② 上の①の使用条件は、「を」のスキーマ的意味（＜移動主体が、その存在していた場を出て、経路を移動し、別の場に至る＞という構図）に因るものである。

第3章 「穴を掘る」型表現の本質

1. はじめに

本章では、次のような表現について考察する[注1]。

(1) a. 彼がグラウンドに穴を掘っているよ。
　　 b. あの作家、ひさしぶりに本を書いたね。
　　 c. ねえ、お湯を沸かしておいて。

これら「穴を掘る」「本を書く」「お湯を沸かす」といった表現では、助詞「を」の前に作成物を表す名詞（「穴」「本」「お湯」）をとる。また、「を」の後には行為を表す動詞（「掘る」「書く」「沸かす」）がくる。そして、この動詞の表す行為によって作り出されるのが「を」に前接する作成物である。こうしたタイプの表現を「穴を掘る」型表現と呼ぶことにする。
　本章では、まず、「穴を掘る」型表現の範囲（即ち、どのような表現を「穴を掘る」型表現と見なすか［或いは、見なさないか］）を明確にする（第2節）。次いで、同表現についての先行研究を見、それらの問題点を指摘する（第3節）。その後、筆者（竹林）の代案を提出したい（第4節）。

2. 「穴を掘る」型表現の範囲

　川端（1986）は、「白い花が咲いてゐた」「からたちの実がみのっても」「ポチノオウチモ建チマシタ」（p. 9）のような「動作・状態変化の結果を主格の語に分析できる場合」と対応をなす、「結果としての対象を対格にもつ

場合」として、次のような例を挙げている。

(2) a. 乳をしぼる
　　 b. 子を産む
　　 c. 家を建てる
　　 d. 涙をこぼす
　　 e. 絵を描く
　　 f. ランプ敷きを編む
　　 g. 飯を炊く
　　 h. 穴を掘る
　　 i. 湯を沸かす
　　 j. 水をしぼる

(川端［1986：11-12］より)

　本書筆者（竹林）の立場では、これら(2) a～jのうち、a・b・d・jは「穴を掘る」型表現とは見なせない。なぜならば、「乳をしぼる」「子を産む」「涙をこぼす」「水をしぼる」は、「しぼる」「産む」「こぼす」という行為によって「乳」「水」「子」「涙」ができるわけではないからである。例えば、「子」は、「産む」前から母親の胎内に存在し、「涙」も、「こぼす」前から目の中に存在する。「乳」「水」「子」「涙」は、「しぼる」「産む」「こぼす」という行為以前に外部的には存在しないというだけのことである。本章では、これらa・b・d・jのような表現は「穴を掘る」型表現であると見なさない。

3．先行研究と、その問題点

3.1. 服部説についての検討

　服部（1955）の説は、金田一（1955）の記述に対して提出された見方である。金田一（1955）の記述とは、次のようなものである。

> オ（を）　対格を表はす。（例、手紙オ読ム。／月オ見ル。）作り出す意を表はす動詞の前では、しばしば作り出される対象にオをつける。（例、湯オ沸カス。／飯オ炊ク。）

（金田一［1955：190］より）

　上の金田一（1955）の記述に対して、服部（1955：304）は次のように述べる。

> なるほど、理窟をいへば、水を沸かして湯にするのだが、話し手は「水」にではなく「湯」に「沸かす」といふ動詞を加へるのだといふ気持を持つてゐる。「沸く」といふ動作をなすのは「湯」であつて「水」ではない。「手紙オ読ム」「湯オ沸カス」両者ともオの意義素は《それの結合する形式の表はす事物に、そのオの結合した形式が統合される動詞の表はす動作・作用が加はること》簡略にいへば「対格」の一つで十分である。

　即ち、服部（1955）は、「湯を沸かす」という表現に関して、「沸かす」という動作が直接作用する対象は（話し手の意識としては）「水」ではなく「湯」である、と考えている。
　しかし、この服部説には問題がある。なぜならば、「湯を沸かす」は二つの意味を表し得るからである。一つは「穴を掘る」型表現の意味であり、この場合、「湯」は作成物である。もう一つの意味は、《既に「湯」の状態にあるものに対して、「沸かす」という動作を加える》というものである（温度の下がった湯を熱くグラグラにする、というような場合）。服部（1955）には、「湯を沸かす」が上のような二義性を有することや、その二義性の生ずる理由について、言及・説明がなされていない。また、服部（1955）は、

> なるほど、理窟をいへば、水を沸かして湯にするのだが、話し手は「水」にではなく「湯」に「沸かす」といふ動作を加へるのだといふ気持を持つてゐる。

と言うが、例えば（「湯を沸かす」と同じく「穴を掘る」型表現に属する）「本を書く」「弁当を作る」という表現に関して、「本」に「書く」という動作を加える、「弁当」に「作る」という動作を加える、とは如何なることなのであろうか。「……に……といふ動作を加へる」という服部（1955）の説明の意味が不明確である（勿論、字義通りにとると、おかしなことになる）[注2]。

3.2. 田中説についての検討

田中（1997：33）は、「穴を掘る」型表現に関して次のように述べている。

> 「穴を掘る」における「穴」は〈動作が作用する対象〉としてよりも、むしろ〈動作の作用結果〉を指す目的語と見なすのが通常である[注3]。しかし、〈掘る〉という動作が意味づけの作業において直接作用するのは〈結果としての穴〉ではなく〈土（地面）〉のほうである。表現上は、〈動作結果の産物〉を指示する「穴」が〈動作の目標〉として先取りされている。しかし、「彼らは穴を掘っている（掘った）」という表現を耳にしたとき、人は〈土を掘り、穴を作る〉という事態を意味づけするのが通例であろう。これは次のことを示唆している。すなわち、先述したように「を」が作用するのは先行する名詞が呼び起こす「チャンク」[注4]に対してであって、「その名詞（あるいは名詞の字義的意味）」に対してではないという点である。換言するなら、「穴を掘る」という表現は〈穴を作るために土を掘る〉という事態を想起するのであって、文字通りの〈穴〉が〈掘る〉という動作が直接作用する対象になるわけではない。

上のように、田中（1997）は、「穴を掘る」という表現について、「掘る」という動作が直接作用する対象は「穴」ではなく、名詞「穴」が呼び起こすチャンク「土」である、としている。同様に、田中（1997：33）は、「本を書く」という表現に関しても、「書く」という動作が直接作用するのは「本」ではなく「文字」である、と述べている[注5]。即ち、田中（1997）の主張は、「穴を掘る」型表現において、動作の直接作用対象は、「を」に前接する作成物ではなく、その名詞が呼び起こす（作成物とは別の）チャンクである、と

いうことである[注6]。

　しかし、この田中説にも問題点がある。次例を見られたい。

（３）　私の母は、毎朝早く起きて、弁当を作ってくれます。
（４）　あの空き地にビルを建てるんだってさ。

　「穴を掘る」「本を書く」「湯を沸かす」に関しては、各々、「土を掘って穴にする」（或いは、「土を掘って穴をつくる」）・「文字を書いて本にする」・「水を沸かして湯にする」ということが言えても、（３）（４）に関して、「〜を作って弁当にする」・「〜を建ててビルにする」（或いは「〜を建ててビルをつくる」）ということは言えない。即ち、「作る」「建てる」という動作の直接作用対象として、「弁当」「ビル」という名詞が呼び起こす（「弁当」「ビル」とは別の）何らかのチャンクを想定することはできない。このように、田中説は、（３）（４）のような例を説明できないという点で問題がある。

４．代案：「穴を掘る」型表現の性質と、同表現の助詞「を」

　それでは、「穴を掘る」型表現について、どのように考えればよいであろうか。
　まず言えるのは、同表現において、「を」に前接する項目（「穴」「湯」等）は、動詞の表す行為（「掘る」「沸かす」等）の遂行以前には存在していない、ということである。掘って初めて穴ができることを意味するのが「穴を掘る」型表現の「穴を掘る」であり、既に存在している「穴」を「掘る」（さらに掘る）という場合の「穴を掘る」とは区別される。先に3.1節で述べた「湯を沸かす」の二義に関しても同様である。「穴を掘る」型表現としての「湯を沸かす」において、「湯」は、「沸かす」という行為があって初めて、存在するようになるものである。既に存在している「湯」を「沸かす」（さらに沸かす）ことを意味する「湯を沸かす」は、「穴を掘る」型表現では

ない。「穴を掘る」型表現は＜未だ存在していないもの（「を」の前接項目）を存在せしめる＞ということを表す。そうだとすれば、同表現において用いられる個々の動詞（「掘る」「書く」「沸かす」「作る」「建てる」等）は、未存在のものを如何にして存在せしめるかという、存在のさせ方の種類であると言える。例えば、「穴を掘る」と「穴をあける」とでは、「穴」を生じさせる仕方について、それぞれ別の内容を語っている（例えば、「障子に穴をあける」と言うことはできるが、「障子に穴を掘る」とは言えない）。また、或る特定の仕方で「湯」を作り出すことを「湯を沸かす」と言う。

　ここで注意したいのは、3.1節で見たように、金田一（1955：190）が「穴を掘る」型表現の動詞（「沸かす」「炊く」）について「作り出す意を表はす動詞」と言っていることである[注7]。しかし、本来的に作成動詞（生産動詞）である「作る」「建てる」等と異なり、「掘る」や「沸かす」は、第一次的には「作り出す意を表はす」作成動詞ではない。「掘る」や「沸かす」を初めから作成動詞としてしまっては、「土を掘る」「水を沸かす」といった表現についての説明が困難になる。なぜならば、「土を掘る」「水を沸かす」は、「土」「水」を作り出すという表現ではないからである。「掘る」や「沸かす」が本来的には作成動詞ではないからこそ、「穴を掘る」や「湯を沸かす」というのは一体如何なる表現なのかということが問題となるわけである。

　本書では次のように考える。「穴を掘る」型表現は、既述のように、＜未存在のものを存在せしめる＞ということを表す。この意味は、「穴を掘る」型表現に属する全ての表現が共通に持つ意味（即ち、「穴を掘る」型表現のスキーマ的意味）である。「穴を掘る」「湯を沸かす」という表現を聞き手・読み手が受け取る際、そこに二つの意味解釈の道がある。一つは、「掘る」「沸かす」を、「土を掘る」「水を沸かす」の「掘る」「沸かす」と同じく、動作対象に状態変化をもたらすという本来の意味で解釈し、既存在の「穴」「湯」に「掘る」「沸かす」という行為を加える意の文表現として理解する、という選択である。そして、もう一つは、「穴を掘る」「湯を沸かす」を、「弁当を作る」「ビルを建てる」「本を書く」と同じタイプの表現（本章で「穴を掘る」型表現と呼んでいるもの）として捉えるという選択である[注8]。

この第二の選択（即ち、「穴を掘る」型表現と見なすという選択）をした場合、＜未存在のものを存在せしめる＞という「穴を掘る」型表現のスキーマ的意味と適合するように、「掘る」「沸かす」が、本来の状態変化他動詞としての在り方から若干ずれて、未存在の「穴」「湯」を存在せしめる、その存在のさせ方の種類（作成動詞のトークン）として解釈されることになる。即ち、「穴を掘る」「湯を沸かす」という語列を「穴を掘る」型表現として捉えた時に初めて、「掘る」「沸かす」が（「穴を掘る」型表現のスキーマ的意味に合わせて）作成動詞としての意味を付与されることになる[注9]。

上のように考えれば、前節（第3節）で服部説・田中説について指摘したような問題は生じない。即ち、「穴を掘る」「湯を沸かす」等の語列が持つ二義性や、「弁当を作る」「ビルを建てる」といった例について、無理のない説明が可能となる。

最後に、「穴を掘る」型表現の「を」と、「ご飯を食べる」といった「動作・行為の対象」を表す「を」との関係について述べておきたい。

尾上（1982：108）は次のように言う。

> 「を」に限らず一つの格助詞が表わす名詞と動詞の間の意味関係は様々であって、であればこそ少数の格助詞で多種多様な関係を表現することができるのである。「木を切る」「湯を沸かす」「山道を歩く」の三種の関係が何故に「AヲBスル」という一つの形で表わされるのかを問うことはほとんどできないであろう。この形にはそのような何種かの用法があるのだと黙って受け取る以外にない。

しかし、本章の考察から、「湯を沸かす」（「穴を掘る」型表現）の「を」は、「木を切る」の「を」と同じく、「動作・行為の対象」を表す用法であると言える。なぜならば、「穴を掘る」型表現は、「～を存在せしめる」ということを表す表現だからである[注10]。「木を切る」と「穴を掘る」型表現との相違は、「木を切る」の場合、「木」は「切る」という行為以前に存在している要素であるのに対して、「穴を掘る」型表現の場合、「を」の前接項目（「穴」

「湯」等）は動詞の表す行為（「掘る」「沸かす」等）以前には存在していない要素である、という点にある。ここに、「穴を掘る」型表現の特殊性（同表現における「を」の、「動作・行為の対象」用法としての非典型性）がある（cf. 仁田1993：52）。「動作・行為の対象」用法は、通常、既存在の要素に対する働きかけ（〈エネルギー〉の伝達）を表す。しかし、「穴を掘る」型表現の「を」の場合は、＜未存在のものを存在せしめる＞という在り方において、未存在のものへの働きかけ（〈エネルギー〉の伝達）を行うことを表すのであった。「穴を掘る」型表現の「を」も「動作・行為の対象」用法の一種であるとは言え、上のような特殊性を有するものであることは押さえておく必要がある。

5．おわりに

　以上、「穴を掘る」型表現について、先行研究の問題点を見た上で、それらの説にかわる見方を提示した。本章の主張は、次の三点にまとめられる。

① 「穴を掘る」型表現は、未存在のもの（「を」の前接項目）を存在せしめることを表すのを本質とする。
② 「穴を掘る」型表現において用いられる個々の動詞（「掘る」「沸かす」「建てる」等）は、未存在のものを存在せしめる仕方の種類である。同表現における「掘る」や「沸かす」の作成動詞的意味は、「穴を掘る」「湯を沸かす」といった表現を「穴を掘る」型表現と見なし、「穴を掘る」型表現のスキーマ的意味（＜未存在のものを存在せしめる＞）に適合するように意味解釈を行うことによって生ずるものである。
③ 「穴を掘る」型表現の「を」は（非典型的な）「動作・行為の対象」用法として捉えられる。

　本章は、十分な説明が従来なされてこなかった「穴を掘る」型表現の性質を明らかにしたと同時に、助詞「を」の用法や文の意味解釈のプロセスに関

する研究にも益するものであると考える。

　本章で扱った「穴を掘る」「湯を沸かす」「ビルを建てる」のような他動表現とペアをなして、「穴があく」「湯が沸く」「ビルが建つ」のような自動表現がある。こうした「穴があく」型表現は、＜未存在のもの（「が」の前接項目）が存在するようになる＞ということを表す。そして、「穴があく」型表現において用いられる個々の動詞（「あく」「沸く」「建つ」等）は、未存在のものが存在するようになる仕方（即ち、未存在のものが、どのようにして存在するようになるのか、という在り方）の種類であると言える。

第4章　二重ヲ格構文の一側面
——所謂「目的語所有者上昇構文」について——

1．はじめに

　本章では、次のような所謂「目的語所有者上昇構文」について考察する注1。

　（1）　a．太郎は花子を、右足を蹴った。
　　　　b．太郎は次郎を、頭を叩いた。

　　　　　　　　　　　　　　　　　（いずれも、三原［2004：187］より）

　この（1）a・bでは、「花子を、右足を」「次郎を、頭を」と、助詞「を」が二回用いられている。しかし、「動作・行為の対象」を表す「を」が単文中で複数回使用されるというのは、日本語の通常の在り方ではない注2（cf. 柴谷1978：261-262）。「動作・行為の対象」用法の「を」が単文中で複数回使用され難い（即ち、所謂「二重対格対象語制約」が存在する）のは、「を」が次のような構図をスキーマ的意味とし、「動作・行為の対象」用法が同構図の全体をハイライトしていることに因る（cf. 第Ⅰ部1章3節）。

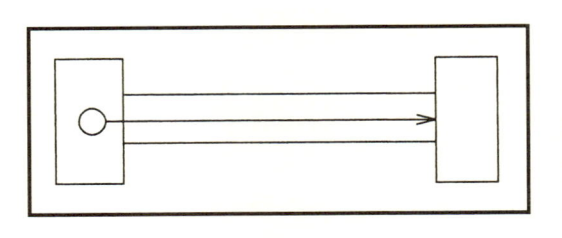

この構図の全体をハイライトする「動作・行為の対象」用法が単文中に複数回使われると複雑な表現となるため、「二重対格対象語制約」が存在するのだ、と考えられ

る。

　上のように、日本語では、単文中に「動作・行為の対象」用法の「を」が複数回使用されることはないのが常態である。にもかかわらず、「目的語所有者上昇構文」と呼ばれる、先の（1）a・bの文（「太郎は花子を、右足を蹴った。」「太郎は次郎を、頭を叩いた。」）が成り立つのは、なぜであろうか[注3]。

　本章では、まず、「目的語所有者上昇構文」についての先行研究として三原（2004）の論を検討し、その問題点を指摘する（第2節）。その後、同構文の性質・成立条件について筆者（竹林）の見方を提示する（第3節）。

2．先行研究と、その問題点

　三原（2004）は、「目的語所有者上昇構文」について次のような主張をしている[注4]。

> （日英語の）所有者上昇構文[注5] には、所有物が譲渡不可能所有物[注6] でなければならないという制約と、非限界動詞[注7] のみがこの構文を成立させるというアスペクト性制約が課される。（p. 130）

本節では、この三原説を検討し、同説の問題点を指摘したい。
　三原（2004）は、「所有者上昇構文が成立するためには、まず、所有物が譲渡不可能なものでなければならないという制約を満たす必要がある。」（p. 109）として、次の例を挙げる。

（2）　a．花子の右腕を掴まえる。　→　花子を、右腕を掴まえる。
　　　b．花子の頭を叩く。　→　花子を、頭を叩く。
（3）　a．花子の車を蹴る。　→　＊花子を、車を蹴る。
　　　b．花子の犬を殴る。　→　＊花子を、犬を殴る。
　　　　　　　　　　　　　（いずれも、三原［2004：110］より）

三原（2004）によれば、（2）a・bの「右腕」「頭」は譲渡不可能所有物であるから「目的語所有者上昇構文」（「花子を、右腕を掴まえる。」「花子を、頭を叩く。」）が成立する。一方、（3）a・bでは、「車」「犬」が譲渡可能なものであるので「目的語所有者上昇構文」（「*花子を、車を蹴る。」「*花子を、犬を殴る。」）が成立しない、と三原（2004）は述べる。

しかし、次例を見られたい。

（4） a. 先生が次郎を、絵をほめた。（＝注3のδ）
　　　b. 太郎は花子を、車／犬をほめた。（《花子の車／犬のことに関してほめた》の意）

これら（4）a・bでは、「絵」「車」「犬」が譲渡可能なものであるにもかかわらず、「目的語所有者上昇構文」が成立する。

また、「割り箸を、真ん中を折る。」「壁を、真ん中を塗る。」のように、第二目的語（「真ん中」）が「所有物」とは言い難い場合もある[注8]。

上の言語事実から、日本語の所謂「目的語所有者上昇構文」に関して「所有物が譲渡不可能なものでなければならないという制約」を立てるのは妥当でないことが分かる。

また、三原（2004）は、「目的語所有者上昇構文」について、「非限界動詞ではこの構文が成立するが、限界動詞では成立しない」（p. 110）と主張している。この主張の根拠となっているのは次の例であり、「限界動詞の場合、所有物に取り立て詞を付けても文法性に変化がないことが重要である」（p. 111）と述べられている。

（5）　非限界動詞
　　　a. 太郎を、右肩を殴る。（太郎を、右肩だけ殴る。）
　　　b. 花子を、左腕を掴む。（花子を、左腕も掴む。）
（6）　限界動詞
　　　a. *太郎を、右足を折る。（*太郎を、右足だけ折る。）

b. ＊花子を、手の爪を塗る[注9]。（＊花子を、手の爪も塗る。）

(いずれも、三原［2004：111］より)

　三原（2004）の論では、（5）a・bが適格なのは非限界動詞（「殴る」「掴む」）が用いられているからであり、（6）a・bが不適格なのは限界動詞（「折る」「塗る」）が使用されているためである。
　しかし、次のように、限界動詞（「折る」「塗る」）が用いられていても表現が成り立つ場合がある[注10]。この場合、第二目的語に「取り立て詞」を付けても文法性は変わらない。

（7）　a．（工作等で）割り箸を、真ん中を折る。（割り箸を、真ん中だけ折る。）
　　　b．壁を、真ん中を塗る。（壁を、真ん中も塗る。）

　よって、「目的語所有者上昇構文」について「非限界動詞のみがこの構文を成立させるというアスペクト性制約が課される」とする三原（2004）の見方は、（少なくとも日本語に関しては）適切でないと言える。

3．代案：「対象詳細化表現」としての把握

　前節では、日本語の「目的語所有者上昇構文」に関する三原（2004）の所説を見、その問題点を述べた。
　それでは、同構文の性質・成立条件とは如何なるものであろうか。
　次の諸例を見られたい。

（8）　a．太郎は花子を、右足を蹴った。（＝（1a））
　　　b．太郎は次郎を、頭を叩いた。（＝（1b））
　　　c．先生が次郎を、絵をほめた。（＝（4a））
　　　d．太郎は花子を、車／犬をほめた。（＝（4b））

e．花子を、右腕を掴まえる。（＝（2a））

f．太郎を、右肩を殴る。（＝（5a））

g．（工作等で）割り箸を、真ん中を折る。（＝（7a））

h．そのキックボクサーのキックは相手選手の左足を、むこうずねを折った。（＝注10の η）

i．壁を、真ん中を塗る。（＝（7b））

（9）a．*太郎が次郎を、次郎の妹をバカ呼ばわりした。（＝注3の ε）

b．*花子を、車を蹴る。（＝（3a））

c．*花子を、犬を殴る。（＝（3b））

d．*太郎を、右足を折る。（＝（6a））

e．*花子を、手の爪を塗る。（＝（6b））

（8）a〜iが表現として成立するのに対して、（9）a〜eが不適格なのは、なぜであろうか。

　本章では、日本語の所謂「目的語所有者上昇構文」を〈対象詳細化表現〉として捉えたい。

　〈対象詳細化表現〉とは、第一目的語で提示された「動作・行為の対象」を、より詳細に第二目的語で表す表現のことである。第一目的語のみでも（即ち、第二目的語なしでも）表現として成り立つところに、第二目的語を加えて、より詳しい内容を表すのが、〈対象詳細化表現〉である。「太郎は花子を、右足を蹴った。」（＝（8a））を例として言えば、第二目的語（「右足」）を取り除いた「太郎は花子を蹴った。」でも文として成立する。にもかかわらず、「蹴った」対象として、第一目的語（「花子」）を、より詳細に第二目的語（「右足」）で表現したのが、「太郎は花子を、右足を蹴った。」という文である。上の意味で、第二目的語は、第一目的語を補足する役割を担っていると言える。

　したがって、「*太郎を、右足を折る。」（＝（9d））・「*花子を、手の爪を塗る。」（＝（9e））のような文は不適格となる。なぜなら、そもそも、「太郎を折る。」「花子を塗る。」という表現が成り立たない（或いは、成り立ちに

くい）からである。一方、適格な文（8）a〜iは、次のように、第二目的語を取り除いても表現として成立する。

(10) a. 太郎は花子を蹴った。
　　 b. 太郎は次郎を叩いた。
　　 c. 先生が次郎をほめた
　　 d. 太郎は花子をほめた。
　　 e. 花子を掴まえる。
　　 f. 太郎を殴る。
　　 g. 割り箸を折る。
　　 h. そのキックボクサーのキックは相手選手の左足を折った。
　　 i. 壁を塗る。

　また、「*太郎が次郎を、次郎の妹をバカ呼ばわりした。」（＝（9a））・「*花子を、車を蹴る。」（＝（9b））・「*花子を、犬を殴る。」（＝（9c））という文が不適格なのは、第二目的語（「次郎の妹」「車」「犬」）が第一目的語（「次郎」「花子」）を詳細化したものとなっていないからである。「*太郎が次郎を、次郎の妹をバカ呼ばわりした。」の例で言えば、「次郎をバカ呼ばわりした」ということと、「次郎の妹をバカ呼ばわりした」ということとは別々の事態である。これに対して、文表現として適格な（8）a〜iの第二目的語は、いずれも、第一目的語を詳細化している（「詳細化」を矢印で示すと、次の通りである：「花子→右足」「次郎→頭」「次郎→絵」「花子→車／犬」「花子→右腕」「太郎→右肩」「割り箸→真ん中」「相手選手の左足→むこうずね」「壁→真ん中」）。(8d)の「太郎は花子を、車／犬をほめた。」が表現として成立するのは、(8c)「先生が次郎を、絵をほめた。」の場合と同様に、「（花子の）車／犬をほめた」ことが「花子をほめた」ことにもなる（即ち、「車／犬をほめた」ことと「花子をほめた」ことが、異なる二つの事態ではない）からである。
　以上から、所謂「目的語所有者上昇構文」が成立するためには次の二つの

条件が満たされていなければならないことが分かる。

  成立条件1：第二目的語なしでも表現として成立し得ること
  成立条件2：第二目的語が第一目的語を詳細化したものであること

 本章の第1節でも述べたように、「動作・行為の対象」用法の「を」が単文中で複数回使用されるというのは、日本語の常態ではない。本章で考察した「目的語所有者上昇構文」において、「花子を、右足を」のように「動作・行為の対象」用法の「を」が二重に用いられるのは、第二目的語（「右足」）が第一目的語（「花子」）を詳細化して<u>再提示</u>したものであるという事情による。
 「詳細化して再提示する」という点では、複数の「を」を用いた「目的語所有者上昇構文」は、

(11) その女の子は、<u>父親の大事にしている本</u>に、<u>表紙</u>にいたずら書きをした。

のような表現と同様のものである（この表現において、「表紙」は「父親の大事にしている本」を詳細化して再提示している）。日本語の「目的語所有者上昇構文」が十分に安定した構文となり得ていないのは、上に述べたような、同構文における第二目的語の〈再提示性〉の故であると見られる。
 三原（2004：106）は、「「花子を、右足を」という連鎖を持つ文は、通常容認性が低いと判断される」ものの、「筆者の判断では、「花子を」と「右足を」の間に休止を置くと完全に容認可能となる」としている。第一目的語と第二目的語の間に休止（pause）を置くことで文の容認性が高くなるのは、同構文の第二目的語が〈再提示された要素〉であることの証左にほかならない。

4．おわりに

　以上、本章では、「太郎は花子を、右足を蹴った。」のような所謂「目的語所有者上昇構文」について論じた。

　本章では、同構文についての三原（2004）の主張を概観し、三原説の問題点を指摘した後、同構文を〈対象詳細化表現〉として捉える見方を提示した。そして、同構文の成立条件として次の二つのものがあることを明らかにした。

　　成立条件１：第二目的語なしでも表現として成立し得ること
　　成立条件２：第二目的語が第一目的語を詳細化したものであること

　単文中で複数の「を」を用いる「二重ヲ格構文」のうち、本章では、「目的語所有者上昇構文」と呼ばれるタイプのものを対象として、その性質・成立条件について考察した[注11]。本章の議論によって、「二重ヲ格構文」の一側面が明らかになったと考える。

第II部　助詞「に」をめぐって

第1章 「に」のスキーマ的意味

1. はじめに

　本章では、助詞「に」の諸用法を貫いて認められる、「に」の本質的意味（スキーマ的意味）について考察する[注1]。

　「に」には、その用法として、「移動の到達点」を表す用法（「図書館に着く」）、「移動の方向」を表す用法（「学校の方に行く」）、「存在の場所」を表す用法（「家にいる」）等々がある。

　益岡・田窪（1987：4-5）は、「格助詞の基本的用法」として、「に」について次の11種の用法を挙げている。

a. 具体物・抽象物の存在位置（e. g.「駅の前に大学がある。」「この大学は駅の前にある。」「私はこのホテルに泊まっている。」「この計画には問題がいくつかある。」「失敗の原因は資金不足にある。」）
b. 所有者（e. g.「私には子供が3人ある。」「われわれには金も暇もない。」）
c. 動作や事態の時、順序（e. g.「3時に会議がある。」「3年前に彼から金を借りた。」「山田が最後に着いた。」）
d. 動作主（e. g.「私にはそれはできない。」「彼にこれをやらせよう。」「先生に叱られる。」）
e. 着点（e. g.「目的地に着く。」「壁にカレンダーを貼る。」）
f. 変化の結果（e. g.「信号が赤に変わる。」「学者になる。」「息子を医者にする。」）
g. 受け取り手・受益者（e. g.「子供にお菓子をやる。」「恋人に指輪を買

う。」)
h. 相手（e. g.「恋人に会う。」「田中さんに聞く。」「父親に金をもらう。」)
i. 対象（e. g.「親に逆らう。」「提案に賛成する。」「試験の結果に失望する。」「人間関係に悩む。」)
j. 目的（e. g.「海に海水浴に行く。」「買い物に行く。」)
k. 原因（e. g.「寒気に震える。」「酒に酔う。」)

　しかし、これら多種多様な諸用法を「に」という一つの助詞が担い得るのは何故か、上記の諸用法間に何らかの共通性はあるのか（諸用法の統一的把握は可能か）、といったことについて、益岡・田窪（1987）では何も述べられていない。同書は、おもに（日本語を母語としない）日本語学習者向けに書かれたものであるが、上のように諸用法を列記するのみでは、「に」という助詞が何故かくも多種多様な用法を有するのか、同書を読む学習者は戸惑いを覚えるであろう。
　「に」の諸用法の中でも特に異質に見えるのは、次例のように、受身文において意味役割（semantic role）上の動作主[注2]を標示する用法である（cf. 本書「序論」1.2節）。

（1）　a. 太郎は先生に褒められた。（直接受身）
　　　　b. 太郎は若くして親に死なれたんだって。（間接受身）

　本章では、上のような「動作主」用法を「に」が有するのは何故かという問題を含めて、「に」のスキーマ的意味について考察する。
　以下では、まず、先行研究を見、問題の所在を明らかにする（第2節）。次いで、「に」のスキーマ的意味についての筆者（竹林）の見方を提示する（第3節）。そして、「に」のスキーマ的意味の把握に基づき、「に」受身文と他の受身文（「から」受身文・「によって」受身文）との性質の相違を説明する（第4節）。

2. 先行研究と、その問題点

本節では、「に」の諸用法を統一的に捉えようとした研究として、国広(1986)・堀川(1988)・菅井(2000・2001・2005)・岡(2005)の諸説を概観し、検討を加える。

2.1. 国広説について

国広(1986)は、「「に」は一方向性をもった動きと、その動きの結果密着する対象物あるいは目的の全体を本来現(sic)わしている」(p. 199)とし、次の図1のような構図を示している(同様の内容を表す構図は、国広[2005：39]でも提示されている)[注3]。

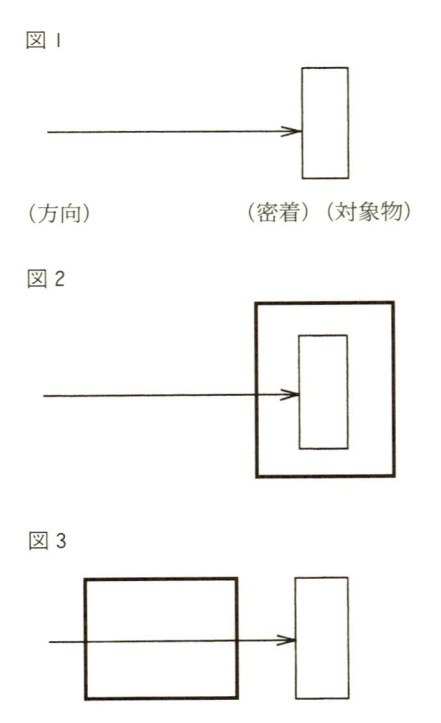

図1

（方向）　　　　（密着）（対象物）

図2

図3

そして、国広(1986：199-200)は、「に」の諸用法について、左の構図の諸領域が焦点化されることによって生ずるものとしている(「焦点化」については、本書「序論」2.2.2節を参照)。即ち、「図書館に着く」のような「移動の到達点」用法は、図2のように、＜移動主体が移動をし、対象物に密着する＞という部分が焦点化されたものである。また、「学校の方に行く」のような「移動の方向」用法では、図3のように、＜移動主体が或る方向に向かって移動する＞という部分が焦点化され、「家にいる」のような「存在の場所」用法においては、図4のように、＜移動主体が対象物に密着し

ている＞という部分が焦点化されている。

　しかし、国広（1986）は、上の構図では、「先生に褒められる」のような「動作主」用法の「に」、ならびに、受益構文（「～にＶてもらう」構文）における「に」[注4] が説明困難であると述べている。

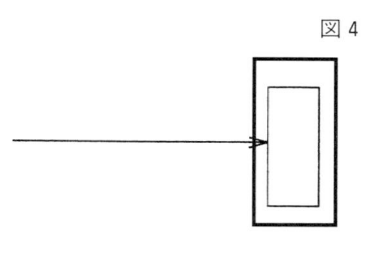

図4

> このように見てきまして説明に困るのは、「人になぐられる」という受動表現、「人に教えてもらう」という受給表現の動作主を表わす場合です。これは元は「によりて」、「にたのみて」であったとしますと、元の表現ではいまお話ししました意義素で処理することができますが、現在の「に」だけに省略された表現で、意味の方は元のものが保たれているということになりますと、「に」には別の意義素を認めざるを得ないということになります。(p. 200)

　上のように、国広（1986）は、「に」の諸用法を統一的に把握しようとしつつも、受身文の「動作主」用法と受益構文における「に」については例外と見なしている[注5]。
　このように「例外」が存在すると考えられる場合、「別の意義素」を立てるという選択のほかに、次の二つの対処法があり得る。

① 「例外」も含めて諸例（本章の場合、「に」の諸用法）を統一的に説明できるようなスキーマを新たに見出す。
② （スキーマを変えることなく）「例外」のように見えるものが本当に「例外」であるのか、再考してみる。

　本章では、国広（1986）の、「「に」は一方向性をもった動きと、その動きの結果密着する対象物あるいは目的の全体を本来現わしている」という見方と、それを図示した

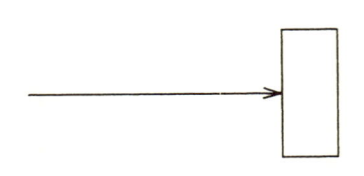

という構図（図1）を継承し、先の②（「例外」のように見えるものが本当に「例外」であるのか、再考してみる）という方向で論を進める。そして、受身文における動作主標示用法の「に」と受益構文の「に」が、国広（1986）の提示する構図から説明可能であることを明らかにする。

筆者（竹林）の見方を述べる前に、同じく上の②の方向で説明を試みている堀川（1988）・菅井（2000・2001・2005）の論や、国広説・堀川説・菅井説とは趣の異なる岡（2005）の所説について見ておきたい。

2.2. 堀川説について

堀川（1988）は、国広（1986）の論を承け、「ニの意義素をいわば着点性のものに限定し、起点的な意味が生じるのは、動詞の意味によって派生するだけで、ニが本来持っている意味ではない、とする立場をとる」（p. 323）と言う。

堀川（1988）は、動詞を次の4種に分類する。

　　A類：「亡ぼす」「埋める」「決める」「固める」「育てる」等
　　B類：「愛する」「信じる」「嫌う」「ほめる」「慕う」等
　　C類：「借りる」「もらう」等
　　D類：「奪う」「買う」等

堀川（1988）は、これら4種の動詞について、「主語の能動性・受動性」という観点で論を展開する。

まず、A類とB類に関して次のように述べる。

　　能動文の場合、主語の能動性という点に関しては、当然A類の方が高く、B類は、やや落ちると言える。（p. 324）

A類のほうがB類より（能動文の）「主語の能動性」が高いのは、「動作が成立する際、A類では、主体と対象の関係は直接的で、両者がいわば密着しなければ動作が行なわれず、方向性を考える余地はない」（p. 324）のに対して「B類では、両者の関係は間接的で、双方が自立性を保ちつつ、動作が行われる。……つまり、主体と相手は密着していない状態でも、動作が行われ得る」（p. 324）からである、とされている。
　また、C類とD類では、C類よりD類のほうが主語の能動性が高い、とする。

> 　D類は、対象の意志にかかわらず、ものの移動を行なう、といった意味で、主語の能動性は高く、また、対象の受動性も高い。これに対し、C類の主語は、能動性が低く、受け手的な意味を持っており、動作の成立には、相手の意志が関与している。つまり、C類の動詞は、受動的な意味を語義としてもつ、といえる。（p. 325）

　堀川（1988）は、A類・B類について受身文との関係で考察し、次のように述べる。

> 　A類では、密着の対象を示すニだけが使われるのに対し、B類では、密着していない状態での動作も可能で、その場合、方向性が考えられるので、カラも使えるのである。（p. 325）

この記述は、次のような言語現象に関するものである。

（2）　a．太郎は花子に殺された。
　　　b．＊太郎は花子から殺された。
（3）　a．太郎は花子に愛された。
　　　b．太郎は花子から愛された。
　　　　　　　　　　　　　　（いずれも、堀川［1988：325］より）

A類・B類が受身文で用いられる場合、「に」「から」の使用に関して上のような違いが存在するのは、

> A類では、両者が、密着しなければ「殺される」ことが不可能なのに対し、「愛される」ことは、密着しなくても（なんらかの物理的・心理的距離があっても）可能なのである。(p. 324)

ということに因る、というのが堀川（1988）の見方である。

また、堀川（1988）は、C類・D類について、

（4） a. 太郎は花子に本をもらった。
　　　b. 太郎は花子から本をもらった。
（5） a. *太郎は花子に本を奪った。
　　　b. 太郎は花子から本を奪った。

（いずれも、堀川［1988：325］より）

のような例から、「主語の能動性が高ければ、カラだけが許容され、能動性が低くなり、受け手的な意味を持てば、カラとニの両方が許容される」(p. 325) としている。

そして、「受身文におけるA類とB類の関係、および、C類とD類の関係は、主語の能動性─受動性という尺度から考えると、一貫した現象であることがわかる」(p. 325) とし、次頁のようにまとめる。

ここで、B類がA類より「主語の能動性」が高いとされている。これは、先に見たように、能動文においてはA類がB類より「主語の能動性」が高いのであるが、受身文では、能動文の主語が「に」格・「から」格になり、能動文の目的語が受身文の主語となるため、受身文主語の能動性はB類のほうがA類より高くなる、ということであろう。

堀川（1988）は次のように述べる。

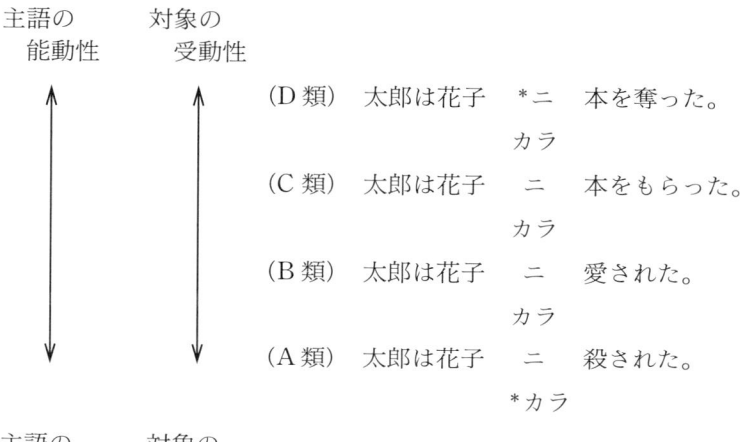

```
主語の      対象の
  能動性      受動性
   ↑           ↑      (D類)  太郎は花子   *ニ   本を奪った。
   |           |                         カラ
   |           |      (C類)  太郎は花子    ニ   本をもらった。
   |           |                         カラ
   |           |      (B類)  太郎は花子    ニ   愛された。
   |           |                         カラ
   ↓           ↓      (A類)  太郎は花子    ニ   殺された。
                                        *カラ
主語の      対象の
  受動性      能動性
```

　　　　　　　　　　　　　　　　　（堀川［1988：325］より）

　主語の能動性が高いほど、対象を示すのにカラが使われ、受動性が高いほど、ニが使われる、という傾向がある。ではなぜ、このような現象が起こるのだろうか。この理由は、ニが、「密着の対象を示す」という意味を持つことに求めたい。(p. 325)

　C類動詞（「借りる」「もらう」等）について、堀川（1988）は次のように言う。

　　C類動詞は、先にも述べたように、主語の能動性が低く、主語だけでは、動作が成立しない。したがって、動作を成立させるためには、動作を引き起こすものに密着しなければならないのである。C類動詞の場合、動作を引き起こすものとして、動詞が要求する要素は、貸し手としての人間である。よって、主語は、貸し手である人間に密着することによって、動作が成立する。ところで、C類動詞の場合、主語は、受け手的な意味を持っているが、一方、能動性も持っている。したがって、「相手に密着する」とは、相手に動作を引き起こすように働きかけることである。具体的には、相手の好意を求める気持ち、さらには、感謝を表わす気持ちが、相手に向かって働いているのであ

ろう。(p. 326)
　受動性が高い主語の中でも、C類動詞のように能動性が残っている場合は、ニで示される名詞句は、相手としての意味役割を持ち、主語が、相手に対して何らかの働きかけをすることが意味される。ここでいう働きかけとは、相手の好意を求める気持ち、相手の意志を動かそうとする気持ちが相手に向かって働くことである。つまり、ニの「方向性」が卓越する場合である。(p. 330)

　しかし、例えば「太郎は花子に本をもらった。」((4a))という場合、「太郎」が「花子」に「動作を引き起こすように働きかけ」た（「相手の好意を求める気持ち」「相手の意志を動かそうとする気持ち」「感謝を表わす気持ち」が「太郎」から「花子」に向かって働いた）とは限らない。次例を見られたい。

（6）　太郎は、全く思いがけず、花子に本をもらったが、嬉しくも何ともなかった。

　この例に関して、「太郎」から「花子」への「働きかけ」を認めることは無理であろう（この点については、岡［2005：13］にも批判がある）。
　また、堀川（1988）は、受身文（A類動詞・B類動詞）について次のように述べる。

　　受身文において、被動主（＝主語）は、自らの手で動作を引き起こす力がない。そこで動作の成立には、動作を引き起こすものに密着しなければならないのである。被動主は受動性が高ければ高いほど、自らの手で動作を引き起こす力がないわけだから、B類よりA類の動詞の方が、動作の担い手となる対象に密着する必要度が高い。よって、A類では、ニだけが許容されるのに対し、主語の受動性がやや落ちるB類は、ニとカラの両方が許容されるのである。(p. 327)

しかし、「被動主（＝主語）は、自らの力で動作を引き起こす力がない」から「動作の成立には、動作を引き起こすものに密着しなければならない」という論理はない。先に見たように、堀川（1988）は、「「愛される」ことは、密着しなくても（なんらかの物理的・心理的距離があっても）可能なのである」（p. 324）と言い、「B類では、密着していない状態での動作も可能で、その場合、方向性が考えられるので、カラも使えるのである」（p. 325）としている。それでは、次のような例について、どのように考えればよいのだろうか。

（7）　マザー・テレサは、死後なお、世界中の人々に愛されている。

　A類動詞・B類動詞に関する堀川（1988）の説明における「密着」の概念では、上の（7）の場合、被動主（「マザー・テレサ」）が「動作を引き起こすもの」（「世界中の人々」）に「密着」しているとは考え難い。しかし、（7）では「に」が用いられている。
　堀川（1988）は、受益構文（「～にＶてもらう」構文）について次のように言う。

> ニとカラの交代可能性に関しては、受動文と「～テモラウ」型文は、全く同じふるまいを示す。すなわち、A類動詞では、ニのみが許容され、B類動詞では、ニとカラの両方が許容される。（p. 330）

受身文の場合と同様に、受益構文に関しても、

（8）　そのリーダーは、国中の人々に信頼してもらっていると勘違いしている。（「信頼する」はB類動詞）

のような例（受益者が「に」格項目に「密着」しているとは必ずしも見なし難い例）における「に」の使用をどのように考えるかという問題がある。

A類動詞の受身文（e.g.「太郎は花子に殺された。」）について、堀川（1988）は次のように述べる。

> A類動詞の受動文になると、主語に能動性は全く無い。したがって、ニで示される名詞句への、主語からの働きかけの意味は、抑圧されており、動作成立の必須要素に密着する、という意味だけになる。いわば、ニの「方向性」の意味が抑圧され、「対象物」だけが考慮される場合といえる。(p. 330)

この説明に対して、岡（2005：13）は、次のように問題点を指摘している。

> 受動文の場合、ニ格名詞からガ格名詞への働きかけがあるのであって、この場合だけガ格からニ格への「働きかけ」や「方向性」が抑圧されるというのはアドホックな説明ではないだろうか。

また、堀川説について、森山（2005b：2）は次のように言う。

> 何ゆえ、「能動性が低く（受動性が高く）、自らだけでは動作が成立しない」というガ格の性質をあえて「密着」という用語を用いて表現したのであろうか。それはニ格の「起点」用法の場合にも、ガ格が「ニ格に対する密着性」を持っていることを示し、ニ格の用法すべてに「着点」としての共通の意義素を見出そうとしたためである。しかし後で詳しく述べるが、ニ格に対するガ格の「密着性」は「受動的な密着性」であると考えたほうが自然である。だとすれば、ガ格はやはり「着点」であり、それに対峙するニ格は、「起点」となってしまう。

以上見てきたように、堀川（1988）の論には様々な問題があり、「に」の諸用法を統一的に説明するには至っていないと言える。

2.3. 菅井説について

　菅井（2000・2001・2005）は、「ニ格」を〈一体化〉という概念で統一的に捉えようとしている。〈一体化〉とは、「変化主体（自動詞の主格NPまたは他動詞の対格NP）が——程度差をもって——与格NPに近づいていく」（菅井2005：107）ということである。

　次例を見られたい。

（９）　針金を内側に曲げる。［方向］
（10）　壁にボールを投げる。［着点］
（11）　壁にペンキを塗る。［密着点］
（12）　研究室に学生がいる。［存在点］
（13）　調味料をスープに入れる。［収斂先］

　　　　　（いずれも、菅井［2005：106-107］より。［　］内も、菅井［2005］のもの）

　上の（９）〜(13)は、「針金」「ボール」「ペンキ」「学生」「調味料」が、〈近接性〉((９))→〈到達性〉((10))→〈密着性〉((11)(12))→〈収斂性〉((13))という程度差をもって、与格NP（「内側」「壁」「研究室」「スープ」）に〈一体化〉している、と見られている[注6]。(13)が(11)や(12)より一体化の程度が高いのは、「「調味料」と「スープ」が混ざり合って明瞭な区分がなくなる」（菅井2005：108）からである。

　上の（９）〜(13)は「空間次元の用法」であるが、次のような「非空間次元の用法」に関しても「空間次元の与格と同様に、自動詞の主格または他動詞の対格と与格NPとの間に〈近接性〉→〈到達性〉→〈密着性〉→〈収斂性〉という程度差をもって「一体化」する特質が観察される」（菅井2005：110）と述べられている。

(14)　花子を食事に誘った。［目的］

(15) 子供に英語を教える。［伝達先］
(16) 花子は絵の才能に恵まれた。［要素］
(17) 太郎が社会人になった。［結果］
(18) 貴方にも一軒家が持てます。［経験者］

(いずれも、菅井［2005：107］より)

上の (14)〜(17) について菅井 (2005：110) は次のように説明する。

(17a)［竹林注：上の (14)］では比喩的に「花子」を「食事」に近づけているという点で〈近接性〉までしか満たさないが、(17b)［上の (15)］が〈到達性〉を満たすのは、物理的には何ら位置変化（移動）を含んではいないものの、デフォルト的に伝達内容が与格の「子供」に到達していると理解されるからである。(17c)［上の (16)］では「花子」と「才能」は不可分の関係にあるという点で〈密着性〉にまで達しているといってよい。また、(17d)［上の (17)］においては、「太郎」と「社会人」が同一の対象であるという点で〈収斂性〉を満たしているということができる。

また、菅井 (2005：111) は、(18) の「ニ格」について、「広い意味で［存在点］と同質のものとみなされる」とし、「非空間次元で〈密着性〉を満たす用法」として位置づけている。

そして、菅井説では、「ニ格」について、「《起点→過程→着点》のスキーマにおける《着点》の具現として特徴づけられる」(菅井2005：106) とする注7。ここで《着点》というのは、「［方向］［到達点］［密着点］［収斂先］のカバーターム」(菅井2000：22) であろう。

〈一体化〉という概念を用いた、上のような菅井説は、「「に」は一方向性をもった動きと、その動きの結果密着する対象物あるいは目的の全体を本来現わしている」という国広 (1986) の見方と軌を一にするものである。

それでは、菅井説では、受身文動作主標示用法の「に」や受益構文（「〜にVてもらう」構文）における「に」について、どのように考えている

のであろうか。以下では、受身文動作主標示用法の「に」についての菅井（2001）の論と、「〜に〜を借りる／もらう」のような「与格による起点標示」についての菅井（2000）の論を見、検討を行いたい（受益構文における「に」についての、菅井氏による明示的な議論は管見に入っていない）。

　菅井（2001）は、受身文動作主標示用法の「に」について、「主格または対格を修飾し、主格または対格へのエネルギーの到達が保証される」（p. 19）と述べている。この観点から、菅井（2001：18）は、受身文の「に」格項目（「動作者相当句」）に関して次のように言う。

　　　動作者相当句は、少なくとも「ニ」で標示することによって主格または対格へのエネルギーの到達が保証されるという点で、能動文において主格（ガ格）で標示されていたときと同じ資格をもつと言ってよい。

　この菅井（2001）の見方に従うと、例えば、

（19）　太郎は先生に褒められた。

という文は、「先生」から「太郎」へと「エネルギー」が移動・到達したことを表す、ということになる。

　しかし、これまで見てきた「空間次元の用法」「非空間次元の用法」において、「に」格項目は《着点》（一体化する先）であった。一方、受身文の「に」に関する、上の菅井（2001）の捉え方では、「に」格項目が《着点》（一体化する先）ではなくなってしまう（上の例（19）では、《着点》［エネルギーの到達先］は「太郎」である）。これでは、論の一貫性に欠けるのではなかろうか。

　また、菅井（2000）は、

（20）　花子が先輩に携帯電話を借りた。（菅井［2000：19］より）

のような「与格による起点標示」について次のように述べている。

> [起点]の与格は、順方向的な着点NPへの〈到達性〉を前提に、その[着点]を[起点]として逆方向に汎用したものというのが本稿の分析である。……重要なのは、[起点]の与格が[着点]の与格を前提にしているということであり、起点NPが「ニ格」で標示されるときは、起点NPに対する順方向的な働きかけが含まれていることを確認しておきたい。ここでいう順方向的な"働きかけ"というのは、主格NPから起点NP（＝着点NP）へのエネルギー伝達であるから、具体的には〈申し込む〉ないしは〈求める〉という側面に相当する。(p. 19)

そして、「起点の「ニ格」標示は起点NPへの順方向的な"働きかけの局面"が前提とされ"働きかけの局面"と"受け取りの局面"[注8]を併せた全体をプロファイルする」(p. 19) とまとめられている。

例えば、上の (20) の文について、菅井 (2000：19) は、「主格NP「花子」から「先輩」に「借りる」ことを求めたことが前提となっている」と言う。

また、菅井 (2000) は、「借りる」についての上の見方は動詞「もらう」に関しても当てはまるとする。次例を見られたい。

(21) a. ??先生のところに油絵をもらった。
　　 b. 先生のところから油絵をもらった。
　　　　　　　　　　　　　　（いずれも、菅井［2000：20］より）
(22) a. ?警察に感謝状をもらった。
　　 b. 警察から感謝状をもらった。
　　　　　　　　　　　　　　（いずれも、菅井［2000：21］より）

「から」を用いた (21b)(22b) が自然な文であるのに対して「に」を使った (21a)(22a) が不自然である理由を、菅井 (2000：21) は、「「先生の

ところ」や「警察」が働きかけの対象として不適切だからにほかならない」としている。

　しかし、先に堀川（1988）についての検討でも述べたように、動詞「もらう」は、モノの受け手から与え手への「働きかけ」（「〈申し込む〉ないしは〈求める〉」ということ）を必ずしも前提としていないのであった。例えば、

　　（23）　太郎は、全く思いがけず、花子に本をもらった。(cf.（6））

というような例では、モノの受け手（「太郎」）から与え手（「花子」）への「働きかけ」がなされているとは考えられない。
　「に」の諸用法について、「一貫した原理で有機的に結び付いているのであって、決して偶然によるものではない」（菅井2001：21）とする菅井（2000・2001・2005）の見方は、本書筆者（竹林）と共通するものである。しかし、受身文動作主標示用法や「与格による起点標示」についての菅井（2000・2001）の論は、上に指摘したような問題点を孕むものであり、「に」の諸用法の統一的説明とはなっていないと考えられる。

2.4.　岡説について

　岡（2005）は、国広（1986）・堀川（1988）・菅井（2000・2001・2005）のような論とは異なり、「ニ格の意味」は「本来「着点」とか「起点」という意味とは中立」(p. 15)である、とする。そして、次のように述べる。

> ニ格の基本的スキーマは「存在の場所」であり、ガ格名詞（存在物）がニ格名詞（場所）に包含され、位置づけられる関係にある。そこには、ガ格からニ格への一方向性は見られないと考えられる。(p. 19)

　例えば、

　　（24）　次郎が太郎に本をもらった。（岡［2005：15］より）

という文における「に」について、岡（2005：15）は次のように言う。

> 起点がニとなる場合は、「あげる―もらう」のように、対応する動詞の対があり、「あげる」の関係を前提とし、出所を指示する場合である。

即ち、上の（24）のような「授受の出所の用法」において、「に」は「起点にモノがあることを指示」（岡2005：15）するものであると考えられている。

しかし、（24）の「に」から、＜「起点」（「太郎」）に「モノ」（「本」）がある（／あった）ことを指示する＞という働きが読み取れるであろうか（本書筆者には、そうした働きは読み取れない）。

また、仮に上の（24）の「ニ格」が、「起点にモノがあることを指示」するものであるとした場合、「を」格項目（「本」）が「に」格項目（「太郎」）に包含されているのであり、

> ニ格の基本的スキーマは「存在の場所」であり、ガ格名詞（存在物）がニ格名詞（場所）に包含され、位置づけられる関係にある。(p. 19)

という記述との整合性に関して説明が必要となる。（24）の文は「太郎に本がある（あった）」という意味内容を含んでいて、そのガ格名詞「本」がニ格名詞「太郎」に包含される関係にあることを「ニ格」で表している、ということだろうか。

さらに、岡（2005）の見方では、次のような「に」の用法はどのように説明されるのであろうか。

(25) 彼はデパートに買い物に行った。（「目的」を表す用法）
(26) 彼は息子に時計を買った。（「モノの移動先」［受け手］を表す用法の一種）

(25) の「買い物」は、如何なる意味で「存在の場所」であると言えるのだろうか。

また、(26) において、「買う」が移動を表す動詞でないにもかかわらず「彼」から「息子」への「時計」の移動が表されるのは何故であろうか[注9]。(26) のような「に」の用法については本書第Ⅱ部3章で論ずるが、同用法を的確に説明するためには、「に」自体の意味に、「一方向性をもった動き」(国広1986：199) を表すという特徴を認める必要がある。

上のように、国広説・堀川説・菅井説とは異なる観点から「に」の諸用法の統一的把握を試みる岡 (2005) の所説にも、様々な問題点・疑問点がある。

3. 「に」のスキーマ的意味

前節（第2節）では、国広 (1986) が、「「に」は一方向性をもった動きと、その動きの結果密着する対象物あるいは目的の全体を本来現わしている」としながらも、受身文における「動作主」用法の「に」と受益構文の「に」を例外として扱っていることを見た。また、堀川 (1998)・菅井 (2000・2001・2005) が、国広 (1986) と軌を一にする見方から、例外を出さずに「に」の諸用法を統一的に説明しようと試みているものの、堀川説・菅井説いずれにも大きな問題点があること、そして、国広説・堀川説・菅井説とは考え方を異にする岡 (2005) の論にも様々な問題点・疑問点があることを指摘した。

しかし、国広 (1986) が例外とする、受身文の「動作主」用法や受益構文の「に」も、〈視線の移動〉という観点を導入することによって、「「に」は一方向性をもった動きと、その動きの結果密着する対象物あるいは目的の全体を本来現わしている」という国広 (1986) の見方から説明可能となる。

まず、受身文の「動作主」用法について言えば、同用法においては、視線が一方（主部項目 [subject] 〈被影響者〉）から他方（「に」格項目 [動作主]）へと移動するということである[注10]。この〈視線の移動〉を点線の矢印

で表して図示すると次のようになる（被影響者・動作主を、それぞれ黒丸・白丸で表す）。

図5

被影響者　　　　　　　動作主

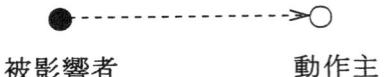

視線の移動ということは、視線の移動先に或る対象を認知するということであり、対者を設定するということに繋がる。「に」によって受身文の動作主が標示されるということの内実は、＜言表者（話し手／書き手）が被影響者の側に立って、影響を及ぼす動作主を対者として設定する＞ということであると理解される[注11]。

　次に、受益構文の「に」についてであるが、同構文には、「依頼使役文」と呼ばれるタイプ（cf. 影山1996）と、そうでないタイプがある（cf. 本書第II部2章、吉田［2003］）。

(27) 太郎は、（さんざん頼んで）友達にゲームを貸してもらった。
(28) 太郎は、隣の家のおじさんに、思わぬ褒め言葉をかけてもらった。

　上の (27) は、《「太郎」が「友達」に依頼し、「ゲームを貸す」ようにしてもらった》という意の「依頼使役文」である。一方、(28) の場合は、「太郎」が「隣の家のおじさん」に依頼して「褒め言葉をかける」ということをしてもらったのではない。よって、(28) は「依頼使役文」ではない（「依頼使役文」については、第II部2章2節も参照されたい）。

　依頼使役文タイプの受益構文においては、「依頼」が一方（受益者［依頼主体］）から他方（与益者［依頼相手］）へとなされている。よって、同構文の「に」は、受益者（依頼主体）から与益者（依頼相手）への＜依頼内容の移動＞を表すものと考えられる。このような把握によって、依頼使役文タイプの受益構文における「に」は、国広 (1986) の構図（先の図1）から説明されるということが分かる。

　また、非依頼使役文タイプの受益構文における「に」については、先に、受身文動作主標示用法の「に」に関して提示したのと同様の見方から説明さ

れる。即ち、依頼使役文でないタイプの受益構文においては、視線が一方（主部項目［受益者］）から他方（「に」格項目［与益者］）へと移動する――言表者（話し手／書き手）が受益者の側に立って、与益者を対者として設定する――ということである。こうした〈視線の移動〉は、依頼使役文タイプの受益構文における「に」に関しても認められる。即ち、依頼使役文タイプの受益構文における「に」格項目は、「依頼相手」であるとともに、「対者として設定される与益者」でもある（受益構文の「に」格項目については、次章で詳述する）。

　以上、本節では、国広（1986）が例外扱いした、受身文動作主標示用法の「に」と受益構文の「に」について、〈視線の移動〉という観点を導入し、国広（1986）の見方（「「に」は一方向性をもった動きと、その動きの結果密着する対象物あるいは目的の全体を本来現わしている」）、ならびに、その見方に基づく次の構図（図１）から説明可能であること（即ち、「例外」ではないこと）を述べた。

　「に」のスキーマ的意味は、＜移動主体が、一方から他方へと移動し、対象に密着する＞というものであると言える。

4．「に」受身文と「から」受身文・「によって」受身文

　現代日本語において、受身文の動作主は、「に」によってのみならず、次のように「から」「によって」という形式でも標示される。

(29)　彼は大臣から表彰されたそうだよ。
(30)　この建物は、有名な建築家によって建てられました。

　これら三つの受身文動作主標示形式（「に」「から」「によって」）は、どのように使い分けられているのであろうか。本節では、この問題について考察

し、前節（第3節）の論を補いたい。
　まず、次の言語現象を見てみたい。

(31)　a．太郎は先生に褒められた。（＝(1a)）
　　　b．太郎は先生から褒められた。
　　　c．??太郎は先生によって褒められた。
　　　　（「??」は、文法的に完全に不適格とまでは言えなくても、不自然さの度合いが強い、ということを表す）

　(31)の場合、「に」「から」を用いることができるのに対して（a・b）、「によって」の使用は、かなり不自然である（c）。

(32)　a．太郎は若くして親に死なれたんだって。（＝(1b)）
　　　b．*太郎は若くして親から死なれたんだって。
　　　c．*太郎は若くして親によって死なれたんだって。

　(32)では、「に」が使用可能であるのに対し（a）、「から」「によって」を用いることはできない（b・c）。
　「に」「から」「によって」を用いて動作主を表す三種の受身文において、(31)(32)のような適格性の相違が見られるのは、なぜであろうか。
　まず、「から」受身文について考えてみる。次例を見られたい。

(33)　a．彼は大臣から表彰されたそうだよ。（＝(29)）
　　　b．太郎は先生から褒められた。（＝(31b)）
　　　c．*太郎は若くして親から死なれたんだって。（＝(32b)）

　上の(33)a～cにおいて、a・bが適格でありcが不適格なのは、なぜであろうか。
　「表彰する」(a)・「褒める」(b)という行為は、一方（上の例では「大

臣」「先生」）から他方（「彼」「太郎」）に対してなされる。「表彰する」に関して言えば、表彰状や記念品が一方から他方へと渡される。また、「褒める」という行為においては、褒め言葉が一方から他方へと伝達される。このような、一方から他方に対してなされる行為における〈行為の起点〉を表すのが「から」受身文の「から」であると見られる（cf. 森1997）。〈行為の起点〉を表すという点で、「から」受身文の「から」は、「部屋から出る。」のような能動文の「から」や「あの出来事を彼から話させる。」のような使役文の「から」と同様である（cf. 早津1995：154-156、2004：141）。上の（33c）［「*太郎は若くして親から死なれたんだって。」］で「から」を用いることができないのは、「親」が〈（一方から他方に対してなされる）行為の起点〉ではない（或いは、そのようなものとして捉えられない）からである。

　次に、「によって」受身文について見てみたい。

(34)　a．この建物は、有名な建築家によって建てられました。（＝（30））
　　　b．??太郎は先生によって褒められた。（＝（31c））
　　　c．*太郎は若くして親によって死なれたんだって。（＝（32c））

（34a）が適格であるのに対して、（34b）（34c）が不自然・不適格なのは、なぜであろうか。

「によって」受身文の例として、（34a）のほかに次の諸例を見られたい。

(35)　a．『雪国』は川端康成によって書かれた。
　　　b．この学校は、100年前、アメリカからの宣教師によって設立された。
　　　c．文化祭は、彼女たちによって成功へと導かれた。

（34a）や（35）a～cの「によって」は、或る事態の成立が当該動作主（上の例では、「有名な建築家」「川端康成」「アメリカからの宣教師」「彼女たち」）に負うものであることを表している。こうした働き（意味）は、

(36) 会社は、彼のミスによって大混乱に陥った。

のような「によって」と通ずる。(36)は、「会社が大混乱に陥った」という事態が「彼のミス」に起因することを表す表現である。
　さて、〈或る事態の成立が当該動作主に負うものであることを表す〉ということは、当該事態の成立において動作主が果たす役割の重要性を示す。この〈動作の重要性〉という面に焦点が当てられたのが次例のような用法である。

(37) 彼の功績は大臣によって表彰された。

この(37)のような「によって」は、(34a)や(35)a〜cのような「によって」とは異なり、非一般的な事柄(即ち、ありふれた出来事ではない事柄)の動作主として重要性を付与されている項目を表す。
　「??太郎は先生によって褒められた。」((34b))・「*太郎は若くして親によって死なれたんだって。」((34c))という表現は、〈或る事態の成立が当該動作主に負うものであることを表す〉ものではない。また、それらの非文における動作主(「先生」「親」)は、〈非一般的な事柄の動作主として重要性を付与されている項目〉ではない。「(生徒・学生が)先生に褒められる」「(人が)若くして親に死なれる」というのは、現実世界においてよくある事態である(と捉えられている)。
　では、最後に、「に」受身文について考察する。

(38) a. 彼は大臣に表彰されたそうだよ。
　　　b. 太郎は先生に褒められた。(＝(31a))
　　　c. 太郎は若くして親に死なれたんだって。(＝(32a))

これらの文が適格なのは、〈言表者が、被影響者である主部項目(「彼」「太郎」)の側に視点を置き、「に」格項目(「大臣」「先生」「親」)を対者とし

て設定する（主部項目の側から「に」格項目へと視線が移動する）＞という「に」受身文のスキーマ（cf. 本章第3節）に適合する表現だからである。
　一方、次の例を見られたい。

(39)　a．＊『雪国』は川端康成に書かれた。(cf. (35a))
　　　b．??この学校は、100年前、アメリカからの宣教師に設立された。
　　　　　　　　　　　　　　　　　　　　　　　　　　(cf. (35b))
　　　c．＊文化祭は、彼女たちに成功へと導かれた。(cf. (35c))

　これら(39) a ～ c の文が不適格・不自然なのは、言表者が、主部項目（「『雪国』」「この学校」「文化祭」）を被影響者として、その側に立ち、その側から視線を「に」格項目（「川端康成」「アメリカからの宣教師」「彼女たち」）へと移動させる（それらの「に」格項目を対者として設定する）、ということが不自然だからである。(39) a ～ c を次例のように変えると、上記「に」受身文のスキーマに合致し、適格な文となる。

(40)　a．我が国の代表作『雪国』は、世界中の人々に読まれている。
　　　b．私の娘の通っている学校は、地域の人たちに親しまれている。
　　　c．我が校の文化祭は、パワフルな生徒たちに支えられている。

　また、「＊『雪国』は川端康成に書かれた。」((39a))・「??この学校は、100年前、アメリカからの宣教師に設立された。」((39b))といった文が不適格・不自然なのは、「に」格項目（「川端康成」「アメリカからの宣教師」）が「モノの受け手（移動先）」として解されかねない（分かり易く言えば、「川端康成のために書かれた」「アメリカからの宣教師のために設立された」というような意であると解される可能性がある）からでもある。
　以上、本節では、動作主を「に」「から」「によって」で表す三種の受身文の意味・用法について考察し、前節（第3節）における、受身文動作主標示用法の「に」に関する議論を補った。

5．おわりに

　本章では、助詞「に」のスキーマ的意味について考察した。その結果、「に」のスキーマ的意味は、＜移動主体が、一方から他方へと移動し、対象に密着する＞というものであり、「に」の諸用法は、この構図をベースとし、同構図の諸領域を焦点化することによって生ずるものであることを明らかにした。

　「に」のスキーマ的意味を上のようなものとして把握することにより、本章で論じた受身文のみならず、「に」を用いる諸構文（受益構文［「〜てもらう」構文］・与益構文［「〜てやる／くれる」構文］・使役文［「〜に〜（さ）せる」構文］等）の意味・用法を的確に捉えることが可能となる。このことについて、第2章以下で論じていきたい。

第2章　受益構文の使用条件と助詞「に」

1．はじめに

　本章では、次のような受益構文（「〜にＶてもらう」構文）について、同構文の使用条件を明らかにし、その使用条件が存在する理由を、前章（第Ⅱ部1章）で考察した、「に」のスキーマ的意味から説明する[注1]。

（1）　a．この仕事は太郎に手伝ってもらう。
　　　b．太郎は、幼い頃、母親に沢山の本を読んでもらった。

　以下、第2節で先行研究（影山1996）を検討し、その問題点を指摘する。そして、第3節で筆者（竹林）の見方を提示することにする。

2．先行研究と、その問題点

　影山（1996：31-32）は、「日英語における非対格性の現れ」（影山1996：22）の一例として日英語の「依頼使役文」を扱っている。そこでは、まず、英語の have を用いた使役構文が検討されている。次例を見られたい。

（2）　Barbara had George go shopping.
（3）　*Ralph had Sheila fall down.
　　　　　　　　　　　　　　（いずれも、影山［1996：31-32］より）

　（2）の文が適格であるのに対し、（3）は不適格な文である。その理由を、影山（1996：32）は、次のような「働きかけの連鎖」で説明する。

（4）　依頼者 → 依頼相手（補文の外項）→ 依頼の実行

　（2）について言えば、Barbara（依頼者）が George（依頼相手）に頼んで買い物に行ってもらうという「働きかけの連鎖」が成立している。一方、（3）では、'fall down'（卒倒する）という動的事態が意図的なものではないため、Ralph が Sheila に依頼して卒倒してもらうという「働きかけの連鎖」は（演技などの場合でない限り）成り立たない。

　上のことから、影山（1996）は、意図的な動作・行為を表す非能格動詞は have 使役構文に用いることができるが、意図性をもたない非対格動詞は同構文に使用不可能であるとする[注2]。そして、英語の have 使役構文と平行するものとして、日本語の受益構文（「～にＶてもらう」構文）を挙げる。

（5）　a．妹にお使いに行ってもらった。
　　　b．生徒に手伝ってもらった。
　　　c．あなたには死んでもらいます。
（6）　a．＊枯葉に落ちてもらった。
　　　b．＊髪に伸びてもらった。
　　　c．＊物価に下がってもらった。
　　　d．＊あなたには死去（死亡）してもらいます。

((5)(6)とも、影山［1996：32］より)

　影山（1996）は、非能格動詞（「行く」「手伝う」「死ぬ」）の用いられた（5）a～ｃは適格な文であるが、非対格動詞（「落ちる」「伸びる」「下がる」「死去（死亡）する」）の用いられた（6）a～ｄは不適格な文である、とする[注3]。これら（5）（6）の例から、影山（1996）は、英語の have 使役構文と同様、日本語の受益構文（「～にＶてもらう」構文）においても非対格動詞は使えないと主張する。

（7）　受益構文についての影山説：

非対格動詞は受益構文に用いることができない。

しかし、この（7）の説は妥当であろうか。

問題点の第一として、非能格動詞の例として挙げられている（5c）の「死ぬ」は、《自殺する》という意味でなければ非意図的な事態を表すから、非能格動詞ではなく、非対格動詞ではないだろうか、ということがある。影山（1996：31）は、「死去する」（(6d)）が非対格動詞であるのに対して「死ぬ」は非能格動詞であることを示す証拠として、次の二点を挙げている（cf. 影山1993：60）。

① 「死去する」は迷惑受身にならないが、「死ぬ」は迷惑受身になる。
② 「死去する」は命令文にならないが、「死ぬ」は命令文になる。

しかし、次例のように、非対格動詞でも迷惑受身になる場合がある。

（8） 彼にゲレンデで何度も転ばれて、助け起こすのに大変だった[注4]。

また、非対格動詞が命令文になることもある。

（9） （スケートの競争を見ている観客が、敵の選手に）転べ！ 転べ！

よって、上の①②は、「死ぬ」が非能格動詞であることの証拠にはならない。意図性の有無という観点を、非能格動詞と非対格動詞とを分ける意味的基準とするのなら（cf. 影山1996：21）、（5c）の「死ぬ」は（《自殺する》の意でない限り）非対格動詞とするのが自然である[注5]。

また、次の例を見られたい。

(10) a.（ゲームをしながら）今日は君に負けてもらうよ。
b.（失敗を詫びる相手に）いやあ、君に勘違いしてもらって、かえ

って助かったよ。

　これらの例は、非対格動詞「負ける」「勘違いする」が用いられているにもかかわらず、不適格な文ではない。
　以上から、＜非対格動詞は受益構文に用いることができない＞とする影山説（（7））は成り立たないことが分かる[注6]。
　それでは、受益構文の適格性を左右している要因は何であろうか。次節では、影山説に代わる、筆者（竹林）の見方を提示したい。

3．受益構文の使用条件と、助詞「に」のスキーマ的意味

　本節では、まず、受益構文の適格性を左右する、同構文の使用条件を明らかにする（3.1節）。次いで、その使用条件が存在する理由について、助詞「に」のスキーマ的意味から説明する（3.2節）。

3.1. 受益構文の使用条件

　まず、受益構文が不適格になる（6）a～dを再掲する。

(11)　a．*枯葉に落ちてもらった。
　　　b．*髪に伸びてもらった。
　　　c．*物価に下がってもらった。
　　　d．*あなたには死去（死亡）してもらいます。

　これらの例を見て注目されるのは、「に」の承ける名詞に人間でないものが多いということである（a～c）。これと対照的に、受益構文が適格な、次の各文では、全て「に」が人間を承けている（「妹に」「生徒に」「あなたには」「君に」）。

(12)　a．妹にお使いに行ってもらった。（＝（5a））

b. 生徒に手伝ってもらった。(=(5b))
c. あなたには死んでもらいます。(=(5c))
d. (ゲームをしながら) 今日は君に負けてもらうよ。(=(10a))
e. (失敗を詫びる相手に) いやあ、君に勘違いしてもらって、かえって助かったよ。(=(10b))

ここで、受益構文における「に」格項目の性質を考えてみたい。

同構文の「に」格項目は、「依頼者 → 依頼相手(補文の外項) → 依頼の実行」という「働きかけの連鎖」((4))に示されているような「依頼相手」とは限らない[注7]。次例を参照されたい。

(13) a. あなたには死んでもらいます。(=(12c))
b. (ゲームをしながら) 今日は君に負けてもらうよ。(=(12d))
c. (失敗を詫びる相手に) いやあ、君に勘違いしてもらって、かえって助かったよ。(=(12e))

これら(13) a〜c の「に」格項目(「あなた」「君」)は、「依頼相手」とは言い難い。

「妹にお使いに行ってもらった。」((12a))という文における「妹」のような「依頼相手」と言えるものも、そうではないもの((13))も含めて、同構文の「に」格項目に共通する特徴は、次のようなものであると考えられる。

(14) 受益構文における「に」格項目の性質：
受益構文における「に」格項目は、主部項目(＝受益者)がそこから恩恵・益を受ける相手としての与益者である。

但し、「与益者」と言っても、先の(13)の例から分かるように、恩恵・益を及ぼすことが「与益者」の意志によるとは限らない。(14)で「与益者」

と呼んだのは、そこから主部項目（受益者）が恩恵・益を受けるものとして（主部項目の側に立つ）言表者（話し手／書き手）によって判断される対象・相手のことである[注8]。

さて、このように考えると、先に見た現象——同構文が適格な例では、いずれも「に」格項目が人間であるのに対して、不適格な例では「に」格項目が人間でないものが多い、という現象——と絡めて、受益構文の適格性を左右している要因が見えてくる。即ち、次の諸例が不適格なのは、それらの（人間でない）「に」格項目が、＜そこから恩恵・益を受ける相手としての与益者＞と見なされ難いためである。

(15)　a．＊枯葉に落ちてもらった。（＝(11a)）
　　　b．＊髪に伸びてもらった。（＝(11b)）
　　　c．＊物価に下がってもらった。（＝(11c)）

この点で、受益構文は、「～てくれる」構文（与益構文の一種）と対照的である。次例を参照されたい。

(16)　a．枯葉が落ちてくれた。
　　　b．髪が伸びてくれた。
　　　c．物価が下がってくれた。

(16)では、「枯葉」「髪」「物価」が「与益者」である。「～てくれる」構文における主部項目は、人間であるか否かにかかわらず、（受益者に）恩恵・益を及ぼす事態の主体であることによって「与益者」になる（cf. 第II部4章3節）。

非対格動詞・非能格動詞の別を問わず（また、他動詞であっても）、受益構文の使用条件は次のようなものであると考えられる。

(17)　<u>受益構文の使用条件</u>：

「に」格項目の動作・行為・変化が主部項目に恩恵・益をもたらす（と言表者によって見なされる）ものであり、かつ、「に」格項目が、そうした恩恵・益を主部項目にもたらす相手であると（言表者によって）見なされれば、受益構文を用いることができる。

但し、如何なる要素が同構文における与益者となり得るのかということに関して、一般的傾向（即ち、＜人間がなりやすく、人間でないものがなりにくい＞ということ）は言えるが、厳密な予測・制約を立てることは原理的にできないと考えられる。なぜなら、或る対象を与益者と見なすか否かは、（言語的・認知的制限は受けるにせよ）認知主体（言表者）の捉え方に依るところが大きいからである。人間でないものが同構文の与益者になることも当然ある。

(18) （高価な番犬を買った家の主人が、家族に）
　　　この犬には、しっかり家を守ってもらわなくちゃね。
(19) 農家の人たちは、長い間日照りが続いた後、やっと雨に降ってもらいひと安心している。（高見・久野［2002：317］より）

高見・久野（2002：317）は、上の（19）の文の適格性が高い理由について、「雨」が「自然の力を持っており、その力で私たち人間に何かを行ない、利益を与えうるので、その利益をそれら[注9]のおかげだと考えることは、みずからの力を持たず、私たちに何も行なわない無生物の場合よりも妥当である」ためだと述べている。本書筆者（竹林）の言葉で言えば、(19)の表現が適格なのは、「に」格項目「雨」が、＜そこから主部項目「農家の人たち」が恩恵・益を受ける相手としての与益者＞であると（主部項目の側に立つ）言表者によって見なされているから（そして、その言表者の見方を、表現の受け手［聞き手／読み手］が受け入れるから）である。

それでは、「に」格項目が人間である(11d)「＊あなたは死去（死亡）してもらいます」が不適格なのは、なぜだろうか。その理由は、「に」格項目

にではなく、「死去（死亡）する」という動詞の側に求められる。即ち、「死去する」「死亡する」という動詞は、人の死後、その死に言及する際に用いられる語であるから、まだ死んでいないうちに（11d）のように言うことはできない[注10]。

3.2. 受益構文の使用条件の背景：受益構文と助詞「に」のスキーマ的意味

前節（3.1節）では、受益構文（「～にVてもらう」構文）における「に」格項目の性質を明らかにし、そこから同構文の使用条件について述べた。受益構文の「に」格項目は、＜主部項目がそこから恩恵・益を受ける相手としての与益者＞である（(14)）。そして、受益構文の使用条件は次のようなものである（(17)）。

> 「に」格項目の動作・行為・変化が主部項目に恩恵・益をもたらす（と言表者によって見なされる）ものであり、かつ、「に」格項目が、そうした恩恵・益を主部項目にもたらす相手であると（言表者によって）見なされれば、受益構文を用いることができる。

それでは、受益構文の「に」格項目が上のような性質を持ち、同構文に上記の使用条件が存在するのは、なぜであろうか。本節では、この問題について、前章（第II部1章）で明らかにした助詞「に」のスキーマ的意味（「に」の諸用法を貫いて認められる意味）から説明する。

「に」のスキーマ的意味は、＜移動主体が、一方から他方へと移動し、対象に密着する＞というものであり、次のような図で表される。

前章と本章で述べたように、受益構文は、

(20) a. 太郎は、（さんざん頼んで）友達にゲームを貸してもらった。
　　　　　　　　　　　　　　　（＝前章(27)）

b. 妹にお使いに行ってもらった。(＝本章 (12a))

のような依頼使役文タイプのものと、

(21)　a. 太郎は、隣の家のおじさんに、思わぬ褒め言葉をかけてもらった。(＝前章 (28))
　　　b. (失敗を詫びる相手に) いやあ、君に勘違いしてもらって、かえって助かったよ。(＝本章 (13c))

のような非依頼使役文タイプのものがある。

　依頼使役文タイプの受益構文では、〈依頼内容〉が一方 (主部に立つ受益者 [依頼主体]) から他方 (「に」格に立つ与益者 [依頼対象]) へと移動するのであった (前章第3節)。ということは、「に」格項目は、〈依頼内容〉を受けとめ、それに応答し得る存在として捉えられている、ということである。

　また、非依頼使役文タイプの受益構文では、〈視線〉が一方 (主部に立つ受益者) から他方 (「に」格に立つ与益者) へと移動するのであった (前章第3節)。そして、視線の移動ということは、言表者 (話し手／書き手) が主部項目の側に立って与益者 (「に」格項目) を対者として設定する、ということである (前章第3節)。よって、非依頼使役文タイプの受益構文における「に」格項目は、主部項目の側に立つ言表者によって「与益者」として設定される対者である、と言える (同様のことは、依頼使役文タイプの受益構文における「に」に関しても当てはまる。即ち、依頼使役文タイプの受益構文においても〈視線の移動〉があり、同構文における「に」格項目は「依頼相手」であるとともに「対者として設定される与益者」でもある [cf. 第II部1章3節])。

　受益構文の「に」格項目が＜主部項目がそこから恩恵・益を受ける相手としての与益者＞という性質を有し、この性質に因る使用条件を同構文が持つのは、上のように、助詞「に」のスキーマ的意味が＜移動主体が、一方から

他方へと移動し、対象に密着する＞というものであり、受益構文の「に」における「移動主体」が依頼使役文タイプ・非依頼使役文タイプにおいて各々〈依頼内容〉〈視線〉であるためだと説明される。

4．おわりに

　以上、本章では、受益構文（「～にVてもらう」構文）について、同構文に非対格動詞を用いることができないとする先行研究（影山1996）の問題点を指摘した上で、同構文における「に」格項目の性質に着目し、同構文の使用条件を明らかにした。そして、その使用条件が存在する理由を、助詞「に」のスキーマ的意味から考察した。
　本章の要点は以下の通りである。

① 受益構文における「に」格項目は、＜主部項目（＝受益者）がそこから恩恵・益を受ける相手としての与益者＞である。（受益構文における「に」格項目の性質）
② 「に」格項目の動作・行為・変化が主部項目に恩恵・益をもたらす（と言表者によって見なされる）ものであり、かつ、「に」格項目が、そうした恩恵・益を主部項目にもたらす相手であると（言表者によって）見なされれば、受益構文を用いることができる。（受益構文の使用条件）
③ 受益構文の「に」格項目が上記①の性質を持ち、同構文の使用条件が上記②のようなものであるのは、助詞「に」のスキーマ的意味が＜移動主体が、一方から他方へと移動し、対象に密着する＞というものであり、受益構文の「に」における「移動主体」が依頼使役文タイプ・非依頼使役文タイプにおいて各々〈依頼内容〉〈視線〉であることに因る。

　本章の考察を基にした受益構文と与益構文（補助動詞「やる」「あげる」「くれる」等を用いる構文）との対照研究は、第II部4章で行いたい。

第3章　与益構文における「に」格名詞句の使用条件をめぐって

1. はじめに

　本章では、与益構文において「に」格名詞句が如何なる条件のもとで使用可能なのか、また、その使用条件が存在するのは何故か、という問題について考察する[注1]。
　与益構文とは、次例のように、補助動詞「やる」「あげる」「くれる」等を用いた構文のことである。

（1）　a．山田君が佐藤君に大事な本を貸してやった／あげた。
　　　b．鈴木さんは、いつも、私に適切なアドバイスをしてくれる。

　こうした構文は、従来、「受益構文」（或いは「受益文」）と呼ばれることがあった（cf. 三宅［1996a］、山田［2004］）。しかし、（1）のような構文は、主部項目（subject）［（1）では「山田君」「鈴木さん」］が他者（「佐藤君」「私」）に恩恵・益を与えることを意味するので、本書では「与益構文」と呼ぶことにする。「受益構文」という名称は、「太郎は次郎に仕事を手伝ってもらった。」のように、主部項目（この例では「太郎」）が、「に」格などに立つ、動作・行為・変化の主体（「次郎」）から恩恵・益を受ける構文にふさわしいと考える。
　なお、与益構文は、

（2）　a．きっと、痛い目にあわせてやるぞ。

b. 何てことをしてくれたんだ。

のように、恩恵・益を与えるのではない場合もある。しかし、(2)のような表現が皮肉的ニュアンスを伴う（大江1975）のは、与益構文が《恩恵・益を与える》という意味を有するからこそである。

以下では、まず、先行研究（三宅1996a）を概観し、その問題点を指摘する（第2節）。その後、先行研究にかかわる筆者（竹林）の代案を提示することにする（第3節）。

2．先行研究と、その問題点

2.1．三宅説の概観

三宅（1996a）は、与益構文における「に」格名詞句の使用条件について、次のような主張をしている（(3)は直接の引用ではなく、三宅［1996a］の主張を竹林がまとめたもの）。

(3) 三宅説：
与益構文（三宅［1996a］の用語では「受益構文」）において「に」格名詞句の使用が許されるのは、与益補助動詞（「やる」「あげる」「くれる」等）に前接する動詞が典型的には作成動詞の場合である。与益補助動詞が作成動詞以外の動詞に続く場合、「に」格名詞句は使用できない[注2]。

この説を、三宅（1996a）の挙げている例で具体的に見てみたい。

(4) 花子は太郎にセーターを編んでやった。
(5) *花子は太郎に部屋から出てやった。

(いずれも、三宅［1996a：左2］より)

（4）では、「編む」という作成動詞（「何かを生産することを表す動詞」［三宅1996a：左2］）が用いられ、「に」格名詞句（「太郎に」）の使用が可能である。一方、（5）では、「出る」という非作成動詞（作成動詞以外の動詞）が使われているため、「に」格名詞句（「太郎に」）の使用が不可能となる。このことは次の例に関しても当てはまる。

（6）　a．花子は太郎にケーキを焼いてやった。
　　　b．＊花子は太郎にゴミを焼いてやった。

(いずれも、三宅［1996a：左2］より)

（6）では、a・bともに動詞「焼く」が用いられている。しかし、aの「焼く」は作成動詞であり、bの「焼く」は作成動詞ではない。よって、aにおいては「に」格名詞句（「太郎に」）の使用が許されるが、bでは「に」格名詞句（「太郎に」）が使用不可能である、ということになる[注3]。

三宅（1996a）は、上のような言語現象が存在する理由を、動詞と与益補助動詞との意味的呼応関係に求めている。

まず、三宅（1996a：左8）は、作成動詞と与益補助動詞について、各々、次頁のような「語彙概念構造」（語の意味構造）を有しているとする[注4]。

作成動詞の語彙概念構造（以下、LCSと略す）は＜xが、その意志的制御のもとでyを存在させるという事態＞であり、与益補助動詞のLCSは＜yがzに移動するようにxが意志的に制御するという事態＞である（＜　＞内は竹林がまとめたもの）。そして、三宅（1996a：左9）は、作成動詞のLCSにおける「y」と与益補助動詞のLCSにおける「y」とが同定（identify）されることによって、「y MOVE TO z」という移動が成立し、そのため、「［着点］名詞句」（即ち、「に」格名詞句）の使用が可能になる、と述べている。

また、

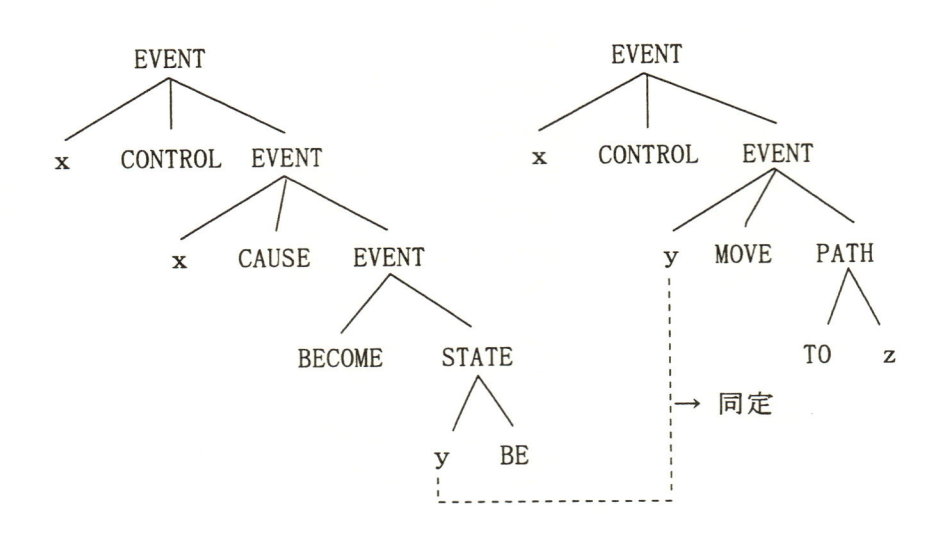

```
        作成動詞                          与益補助動詞

         EVENT                            EVENT
        /  |  \                          /  |  \
       x CONTROL EVENT                  x CONTROL EVENT
              /  |  \                          /  |  \
             x CAUSE EVENT                    y MOVE PATH
                    /    \                          /  \
                 BECOME  STATE                    TO   z
                         /  \
                        y   BE
```

(EVENT：事態、CONTROL：意志的制御、CAUSE：使役、BECOME：変化、STATE：状態、MOVE：移動、PATH：経路)

(7) a. 花子は太郎に本を読んでやった。
    b. 牧師は新郎新婦に祝福の祈りを祈ってやった。
                    (いずれも、三宅[1996a：左10]より)

という文においては、非作成動詞「読む」「祈る」が用いられているが、(7)の表す状況において「声」という生産物が存在するため、与益補助動詞のLCSにおける移動物「y」の要素が満たされて、「に」格名詞句の使用が許される、としている。

一方、与益補助動詞が非作成動詞を承ける場合には、(意味要素として[着点]を含む動詞[cf. 本章の注2]や上の(7)のような場合を除いて)与益補助動詞のLCSにおける「y」と同定される要素が、非作成動詞の

LCSに存在しないことにより、与益補助動詞のLCSの一部（「y MOVE TO z」の部分）が「抽象化」し[注5]、そのため「［着点］名詞句」（「に」格名詞句）の使用が不可能になる、と考えている（p. 左9）。三宅（1996a：左9）は、このことを次の図で示している。

前接する動詞が作成動詞以外の場合の与益補助動詞

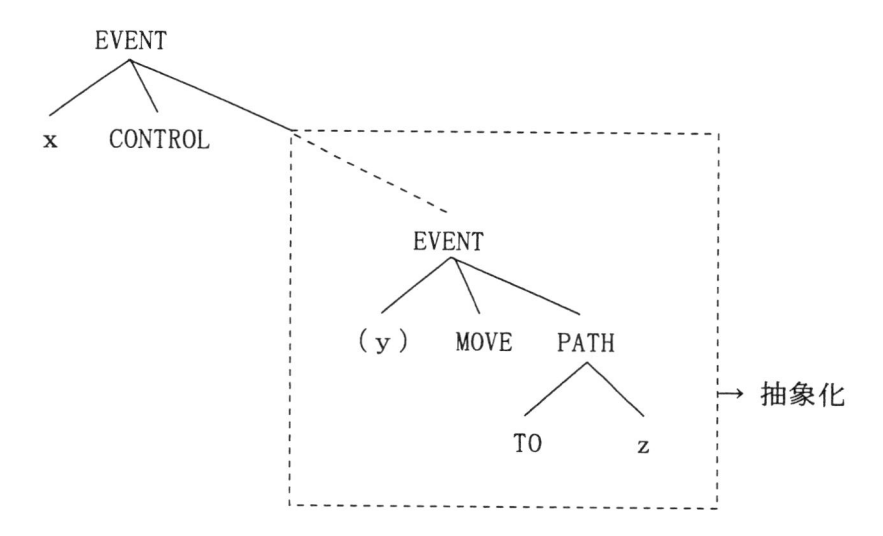

```
        EVENT
       /    \
      x   CONTROL   ┌─────────────────┐
                    │                 │
                    │       EVENT     │
                    │      /  |  \    │
                    │   (y) MOVE PATH │
                    │           /  \  │  → 抽象化
                    │          TO   z │
                    └─────────────────┘
```

　また、非作成動詞は、与益補助動詞における"CONTROL"の項"x"と適切に同定できる項"x"を有していることにより、（「に」格名詞句の使用は不可能でも）与益補助動詞の後接は可能である、としている。これは、次のような例のことを述べたものである。

（8）　a．＊花子は太郎に部屋から出てやった。（＝（5））
　　　b．花子は太郎のために部屋から出てやった。
　　　c．花子は部屋から出てやった。

（8）では、非作成動詞（「出る」）が用いられているため、「に」格名詞句

は使用できない（(8a)）。しかし、「に」格名詞句がなければ、(8b) (8c) のように、非作成動詞（「出る」）が与益補助動詞（「やる」）に続くことができる。

2.2. 三宅説の問題点

　前節（2.1節）では、与益構文における「に」格名詞句の使用に関する三宅（1996a）の説を概観した。しかし、この三宅説には問題がある。
　次例を見てみたい。

（9）　a．花子は太郎のために部屋から出てやった。（＝(8b)）
　　　b．花子は部屋から出てやった。（＝(8c)）

　三宅説によれば、これらの文では、非作成動詞（「出る」）が用いられているため、与益補助動詞（「やる」）のLCSにおける「y MOVE TO z」の部分が「抽象化」していることになる。
　しかし、このような見方をとると、(9) の二つの文において与益補助動詞（「やる」）の有する意味が如何にして生ずるのかということが説明困難になる。(9) の二つの文における与益補助動詞には、《(部屋から出ることによって花子が [太郎に]) 益を及ぼす》という意味が明らかに存在する。これは、与益補助動詞のLCSにおける移動物「y」が、三宅（1996a）の考えているような何らかの生産物ではなく、動詞句の表す事態（(9)の例では、「部屋から出る」という事態）によって主部項目がもたらす〈恩恵・益〉だからである。よって、上の (9) のような場合に、与益補助動詞のLCSにおける「y MOVE TO z」の部分が「抽象化」していると見る三宅（1996a）の説は、不適当であると言える。このことを、下で、より具体的に見てみたい。

（10）　その父親は息子に、大事にしていた時計をやった。
（11）　花子は太郎のために部屋から出てやった。（＝(9a)）

（10）の「やる」は本動詞であり、（11）の「やる」は補助動詞である。（10）（11）から分かるように、本動詞（授与動詞）は、一方から他方への（（10）では、「父親」から「息子」への）モノ（「大事にしていた時計」）の授与を意味するが、与益補助動詞にはモノの授与という意味はなく、一方が他方に（（11）では、「花子」が「太郎」に）恩恵・益を及ぼすという意味で用いられる。

　授与動詞と与益補助動詞との間に上のような意味の相違があることは、例えば、

　（12）　このゲーム、君に貸してあげるよ。

という発話に対して、聞き手が「じゃあ、借りてから、もらっていいんだね。」などと冗談を言えることからも支持される。この（子ども同士の会話で聞かれるような）冗談は、「あげる」を発話者が補助動詞として用いたのを知っていながら（即ち、自分［聞き手］がゲームをもらえるわけではないのを承知しつつ）、わざと本動詞として理解しているかのように（即ち、ゲームをもらえると思っているかのように）見せかけたものである。授与動詞と与益補助動詞との意味の違いを利用したところに、上の冗談が成立する。

　以上のように、与益補助動詞のLCSにおける移動物「y」は〈恩恵・益〉である。三宅（1996a）は、このことを見逃していることにより、与益補助動詞に関して「抽象化」という不適当・不必要な操作を導入せざるを得なくなっている。従って、与益構文における「に」格名詞句の使用条件については、三宅（1996a）とは別の観点から考察がなされなければならない。以下では、三宅（1996a）にかわる筆者（竹林）の代案を提示する。

3. 与益構文における「に」格名詞句の使用条件と、その背景

3.1.「に」格名詞句の使用条件

それでは、与益構文における「に」格名詞句の使用条件について、あらためて考察していきたい。

まず、次例を見られたい。

(13) a. *花子は太郎に部屋から出てやった。(＝(8a))
　　 b. 花子は太郎のために部屋から出てやった。(＝(8b))
　　 c. 花子は部屋から出てやった。(＝(8c))

三宅(1996a)が指摘するように、「に」格名詞句が使用できない(13a)のような文であっても、「に」のかわりに「のために」を用いる場合((13b))や、受益者のフレーズを言語形式化しない場合((13c))には、適格な文になる。これは何故であろうか。

既に見たように、三宅(1996a)は、(13)のような言語現象を動詞と与益補助動詞との呼応関係から説明しようとした(本章2.1節)。しかし、その見方は不適切なものであった(2.2節)。

(13a)と(13b)(13c)との間に見られる適格性の違いが、(「ため」を伴わず名詞「太郎」に直接的に付くものとしての)助詞「に」の有無によって生じているものである以上、(13)のような現象には、助詞「に」の性質が深く関与していると考えられる。

また、(13a)の動詞句(「部屋から出る」)を変えると、

(14)　花子は太郎にネクタイを買ってやった。

のように適格な文となる。

以上のことから、与益構文において「に」格名詞句の使用が可能か否かは、助詞「に」と動詞句との意味的呼応関係の在り方によるものと言える。先の（13a）が不適格なのは、「に」と動詞句との呼応が成立していないからである。同じ動詞句（「部屋から出る」）でも、（名詞「太郎」に直接付く）「に」がなければ適格な表現となる（(13b) (13c)）。また、（14）の文が適格なのは、「に」と動詞句（「ネクタイを買う」）とが呼応するからである。
　＜与益構文において「に」格名詞句の使用が可能か否かは、助詞「に」と動詞句との意味的呼応関係の在り方による＞という筆者（竹林）の見方は、益岡（1980）・大曾（1983）の記述[注6]に反して、与益補助動詞なしでも、助詞「に」と「作る」「焼く」等の作成動詞とが共起可能であることからも支持される。

(15)　a.　自分の子供に食事を作るのが、こんなに楽しいものとは知らなかった。
　　　b.　ミニーは、おともだちにミニーとくせいのクリスマスケーキをやいています。（『ミッキーのクリスマス・パーティー』ブラウン・ウェルズ＆ジェイコブズ製作、林梨津子訳、大日本絵画、1997年［第2刷］、p. 2）

　三宅（1996a）は、＜与益構文において、作成動詞が用いられる場合に「に」格名詞句が使用可能なのは、作成動詞と与益補助動詞との意味的呼応関係が成立することによる＞と考えているのであった（本章2.1節）。しかし、上の（15）では、与益補助動詞なしでも、「に」格名詞句（「自分の子供に」「おともだちに」）の使用が可能である（cf. 山田2004：92-93）。この事実は、「に」格名詞句の使用の可否が、動詞の種類と与益補助動詞との相性によるのではなく、助詞「に」と動詞句との呼応関係によるものであることを示している。
　それでは、「に」と「部屋から出る」という動詞句とが呼応・共起せず（(13a)）、「に」と「ネクタイを買う」という動詞句とが呼応・共起する

((14))のは、なぜであろうか。その理由を明らかにするためには、助詞「に」のスキーマ的意味（「に」の諸用法を貫いて認められる本質的意味）が的確に把握されていなければならない[注7]。

以下では、まず、助詞「に」のスキーマ的意味について第II部1章の論を確認し、その後、「に」と動詞句との呼応関係について考察する。

3.2. 助詞「に」のスキーマ的意味の確認

では、まず、助詞「に」のスキーマ的意味について第II部1章の論を振り返りたい。

「に」には、「図書館に着く」のような「移動の到達点」用法、「学校の方に行く」のような「移動の方向」用法、「部屋にいる」のような「存在の場所」用法、その他、多くの用法がある[注8]。「に」という一つの形式が、これらの諸用法を担い得るのは、なぜであろうか。

国広（1986）は次のように述べている。

(16) 「に」についての国広説：
「に」は一方向性をもった動きと、その動きの結果密着する対象物あるいは目的の全体を本来現（sic）わしている（p. 199）

そして、国広（1986：199）は、下のような図を示している。

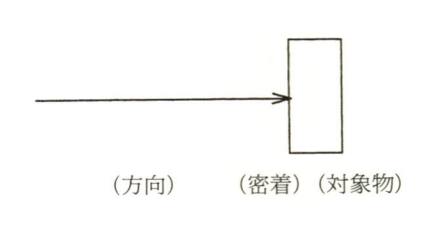

（方向）　（密着）（対象物）

国広（1986）によれば、「に」の各用法は、左の構図の諸領域が焦点化されることによって生ずるものである。例えば、「移動の到達点」用法（e. g.「図書館に着く」）は＜移動主体が移動をし、対象物に密着する＞という領域が焦点化されたものである。また、「移動の方向」用法（e. g.「学校の方に行く」）では＜移動主体が、一方から他方へと移動する＞という側面、「存在の場所」用法（e. g.「部屋にいる」）では＜移動主体が対象

物に密着している＞という側面が、それぞれ焦点化されている。

　国広（1986：200）は、上の構図では、受身文で動作主を表す用法（e. g.「先生に褒められる」）や受益構文における「に」（e. g.「太郎に手伝ってもらう」）が説明困難であるとしている。しかし、これらの場合も、＜視線の移動＞という観点の導入によって、上の国広（1986）の構図から説明可能なのであった（第Ⅱ部1章3節）。助詞「に」のスキーマ的意味は、＜移動主体が、一方から他方へと移動し、対象に密着する＞というものであると言える。

3.3．助詞「に」と動詞句との呼応関係

　既に述べたように（3.1節）、与益構文において「に」格名詞句の使用が可能か否かは、助詞「に」と動詞句との意味的呼応関係の在り方によると考えられる。それでは、3.1節末尾の問題提起に戻るが、

　（17）　＊花子は太郎に部屋から出てやった。（＝（13a））

において「に」と動詞句（「部屋から出る」）とが共起できないのに対し、

　（18）　花子は太郎にネクタイを買ってやった。（＝（14））

という文において「に」と動詞句（「ネクタイを買う」）とが共起するのは、なぜであろうか。

　前節（3.2節）で見たように、「に」のスキーマ的意味（＜移動主体が、一方から他方へと移動し、対象に密着する＞）には〈移動主体〉という要素が含まれている（国広［1986：199］は、「「に」は一方向性をもった動きと、その動きの結果密着する対象物あるいは目的の全体を本来現わしている」と述べているが、「動き」といっても、それは何かの動き／誰かの動きであり、移動主体の存在が含意されていることは言うまでもない）。例えば、「太郎は学校に行った。」という文であれば、移動主体は「太郎」である。よって、

与益構文においても「に」と動詞句との呼応関係が成り立つためには、「に」のスキーマ的意味と呼応して、動詞句にも〈(一方から他方へと移動する)移動主体〉の存在が含意されていなければならない。

「に」格名詞句が使用可能な(18)における動詞句(「ネクタイを買う」)には、「花子」から「太郎」へと移動する主体として「ネクタイ」という要素が存在する。よって、(18)では、「に」と動詞句との呼応関係が成立し、「に」格名詞句が使用できる。一方、「に」格名詞句を用いることのできない(17)は、《花子が、部屋から出ることで、太郎に益を与えた》という意味を表現しようとしたものであるが、「花子」から「太郎」へと移動する主体が動詞句(「部屋から出る」)に含意されていない。よって、「に」と動詞句との呼応関係が成り立たず、「に」格名詞句が使用できないことになる[注9]。

第2節で見たように、三宅(1996a)は、与益構文において「に」格名詞句が使えるのは、(「話す」「渡す」のように意味要素として［着点］を含む動詞の場合は別として)典型的には、与益補助動詞に前接する動詞が作成動詞の場合である、と主張する((3))。また、三宅(1996a)は、「太郎に本を読んでやった」のように生産物(この場合は「声」)が存在する場合にも「に」格名詞句の使用が可能である、としている(cf. 本章の例(7))。

しかし、

(19)　a．花子は太郎にネクタイを買ってやった。(＝(18))
　　　b．太郎は子供にきれいな石を拾ってやった。

といった文の動詞「買う」「拾う」は作成動詞ではなく、(19)の表現は生産物の存在を含意してもいないが(購買物や拾った物は「生産物」とは言い難い)、(19)において「に」格名詞句の使用が可能である[注10]。また、非作成動詞が使われている(19)の文が、作成動詞が用いられている場合(e.g.「花子は太郎にセーターを編んでやった。」[(4)])に比べて、与益構文としての典型性が低いと考えなければならない理由も見出せない。上で見たように、与益構文において「に」格名詞句の使用が可能か否かは「に」のスキー

マ的意味に含まれている＜(一方から他方へと移動する）移動主体＞という要素を、動詞句（の表す意味）が提供できるか否か（聞き手／読み手が、＜移動主体＞の存在を、動詞句の表す意味内容において認めることができるか否か）、ということによるのであり、動詞が作成動詞か否か、生産物の存在が当該表現に含意されているか否かということは、「に」格名詞句の使用条件にとって本質的な事柄ではない。

　また、＜与益構文において「に」格名詞句の使用が可能か否かは、助詞「に」と動詞句との意味的呼応関係の在り方による＞ということは、三宅(1996a)で考察の対象外とされていた「意味要素として［着点］を含む動詞」（「話す」「渡す」「貸す」等）が用いられる場合に関しても当てはまる。例えば、

(20)　a．私は娘に、自分の少年時代を話してやった。
　　　b．私は彼に、所望の品を渡してやった。
　　　c．私は友達に、大事な本を貸してやった。

という文では、動詞句（「自分の少年時代を話す」「所望の品を渡す」「大事な本を貸す」）において＜移動主体＞の存在（「自分の少年時代の話」「所望の品」「大事な本」）が認められる。よって、(20)の各文では、助詞「に」と動詞句との意味的呼応関係が成立し、「に」格名詞句（「娘に」「彼に」「友達に」）の使用が可能となる。

　Makino & Tsutsui (1989：66-67) は、補助動詞「あげる」に前接する動詞が自動詞の場合、「に」を使用することはできない（補助動詞「あげる」と助詞「に」は共起しない）、としている。

　　When the main verb is intransitive, *ageru* is not used along with *ni*.
　　The following sentence is ungrammatical.

　　(4)　＊私達はジョン**に働いてあげた**。

*Watashitachi wa Jon ni hataraite ageta.
(We worked for John.)

In this case, *no tame ni* 'for the sake of' is used, as in (5).

(5) 私達はジョン**のために**働いた。
Watashitachi wa Jon *no tame ni* hataraita.
(We worked for John's sake.)

(Makino & Tsutsui [1989：66-67] より)

しかし、次例を見られたい。

(21) 彼は、落ち込んでいる友達に、やさしくほほえんであげたんだって。

この例で、補助動詞「あげる」に前接する動詞「ほほえむ」は自動詞であるが、「落ち込んでいる友達に」と、「に」を用いることができる（補助動詞「あげる」と助詞「に」とが共起する）。上の(21)において「に」格名詞句の使用が可能なのは、本章でこれまで見てきたように、〈(一方から他方へと移動する) 移動主体〉が含意されているからである。即ち、(21) は、「彼」から「落ち込んでいる友達」へと「(やさしい) ほほえみ」が移動したこと (向けられたこと) を表している。
　この (21) に対して「*私達はジョンに働いてあげた。」という文が不適格なのは、一方（「私達」）から他方（「ジョン」）へと移動する主体の存在を読みとることが困難だからである。

4. おわりに

　以上、本章では、与益構文における「に」格名詞句の使用条件と、その条

件の存在する理由（使用条件の成立背景）について考察した。その結果をまとめると、次のようになる。

① 与益構文において「に」格名詞句の使用が可能か否かは、助詞「に」と動詞句との意味的呼応関係の在り方による。即ち、「に」と動詞句とが意味的に呼応すれば「に」格名詞句の使用が可能であり、「に」と動詞句とが意味的に呼応しなければ「に」格名詞句は使用できない。

② 上の、「に」格名詞句の使用条件（①）が成立するのは、助詞「に」が、〈(一方から他方へと移動する)移動主体〉の存在を含意しているからである。動詞句の表現において〈移動主体〉の存在が（聞き手／読み手によって）認められれば、助詞「に」と動詞句との意味的呼応関係が成り立つ。

与益構文における「に」格名詞句の使用条件について的確に把握するためには、助詞「に」を「着点」のマーカー（「着点」標示の形式）或いは「与格」標示形式などとして処理することなく、＜移動主体が、一方から他方へと移動し、対象に密着する＞という、れっきとした語義（スキーマ的意味）を有する形式として見る必要があるのであった。

本章で述べた、与益構文における「に」格名詞句の在り方を、受益構文（「〜にＶてもらう」構文）における「に」格名詞句の性質と比較すると、与益構文と受益構文との非対称性が明らかとなる。このことについては、次章で詳しく論じたい。

第4章　与益構文と受益構文の非対称性
―― 与益者・受益者の表現をめぐって ――

1．はじめに

現代日本語で恩恵・益の授受を表現する構文には、次の二種がある。

a．補助動詞「やる」「あげる」「くれる」等を述部に持つ構文
b．補助動詞「もらう」「いただく」を述部に持つ構文

　上のaについては、主部項目が恩恵・益の与え手であることから、本書では「与益構文」と呼んでいる（cf. 第Ⅱ部3章）。また、bは、主部項目が恩恵・益の受け手であることから、「受益構文」と呼んでいる。
　本書の第Ⅱ部では、第2章において受益構文の使用条件を考察し、第3章で与益構文における「に」格名詞句の使用条件について論じた。本章（第4章）では、これら第2章・第3章の内容を承け、与益構文と受益構文について、恩恵・益の授受関係における、主部項目の相手方（与益構文であれば受益者［益の受け手］、受益構文であれば与益者［益の与え手］）に関する表現の在り方を中心に考察する注1。
　以下では、まず、先行研究を概観する（第2節）。次いで、先行研究に代わる筆者（竹林）の見方を提示し、日本語の与益構文・受益構文において与益者・受益者の表現が如何なる形でなされているかということを明らかにする（第3節）。

2．先行研究の概観

鈴木（1972）では、＜与益構文と受益構文とは、与益者・受益者の表現に関して対称的な関係にある＞と考えられている（＜　＞内は竹林がまとめたもの）。鈴木（1972：393-396）は、補助動詞「やる」「もらう」「くれる」について次のように述べている。

「……して　やる」　このやりもらい動詞は、動作の主体がほかの人のためにその動作をおこなうことをあらわす。その動作によって利益（恩恵）をうける人は、利益のあい手の対象語（に格からなる）でしめされる。
「……して　もらう」　このやりもらい動詞は、動詞のあらわす動作によって利益（恩恵）をうける人を主語にしてあらわす。もとの主体は、利益のあい手の対象語（に格からなる）でしめされる。
「……して　やる」と「……して　もらう」とでは、主語と対象語がいれかわる。

　　おじさんは　弟に　自転車を　かって　やった。

　　弟は　おじさんに　自転車を　かって　もらった。
「……して　くれる」　このやりもらい動詞は、動作を話し手あるいは話し手のがわに属する人（話し手の身うちのものなど）のためにおこなうことをあらわす。このばあい、利益（恩恵）をうける人（話し手、話し手のがわの人）は、利益のあい手の対象語（に格からなる）でしめされるが、それが話し手のばあいには、とくに表現されなくてもよいようである。

上の鈴木（1972）の記述中、本章との関連で重要なのは、「……して　やる」について「その動作によって利益（恩恵）をうける人は、利益のあい手の対象語（に格からなる）でしめされる」とし、「……して　くれる」について「このばあい、利益（恩恵）をうける人（話し手、話し手のがわの人）は、利益のあい手の対象語（に格からなる）でしめされる」としている点で

ある。この記述から、鈴木（1972）は、＜与益構文において受益者は「に」格名詞句で示される＞と考えていることが分かる（Shibatani［2000］等も同様の見方をとっている）。

　鈴木（1972）は、与益構文・受益構文における与益者・受益者について次の表を提示している。

	利益を与える人	利益をうける人
「……して　やる」	主語	対象語（話し手、そのがわの人以外）
「……して　もらう」	対象語	主語
「……して　くれる」	主語（話し手以外）	対象語（話し手、そのがわの人）

　上の表は、＜与益構文においては、与益者は主語、受益者は対象語（「に」格名詞句）で表される。一方、受益構文においては、与益者は対象語（「に」格名詞句）、受益者は主語で表される。与益構文と受益構文とは、与益者・受益者の表現に関して対称をなしている＞という鈴木（1972）の理解を示したものである。この対称的関係は、次のように表すことができる。

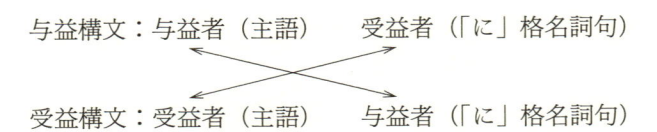

　　与益構文：与益者（主語）　　受益者（「に」格名詞句）

　　受益構文：受益者（主語）　　与益者（「に」格名詞句）

　与益構文と受益構文との間に上のような対称的関係が存するとする見方は、鈴木（1972）に限らず、従来広くとられてきた一般的な考え方である。

3．与益構文と受益構文の非対称性と、与益者・受益者の表現

　前節では、与益構文と受益構文とが対称をなすとする先行研究の説を概観した。

しかし、本稿では、上のような先行研究の見方とは逆に、＜与益構文と受益構文との間には、受益者・与益者の表現に関して非対称性が認められる＞と考える。

次例を見られたい。

（１） a. 花子は太郎にネクタイを買ってやった。
　　　 b. 花子は私にネクタイを買ってくれた。
　　　 c. *花子は太郎に部屋から出てやった。
　　　　　　　　　　　　　　　（c の例は三宅［1996a：左2］より）
　　　 d. *花子は私に部屋から出てくれた。
　　　 e. 太郎は花子にネクタイを買ってもらった。
　　　 f. 太郎は花子に部屋から出てもらった。

上の（１）c・dは、《花子が、部屋から出ることで、太郎／私に益を与えた》という意味の表現として不自然な文である。これら（１）c・dが文法的に不適格であることは、与益構文の「に」格名詞句が、受益者を表すのを本質とする形式ではない、ということを示唆する。（１）c・dは、

（２） a. 花子は太郎のために部屋から出てやった。
　　　 b. 花子は私のために部屋から出てくれた。

のようにすれば適格な文となる（cf. 第Ⅱ部3章3.1節）。しかし、「ために」も、

（３）　花子は太郎／私のために部屋から出た。

と、与益補助動詞（「やる」「くれる」等）なしでも使用可能であることから、本質的には、与益構文において恩恵・益の及ぶ相手を表すものではないと言える。「ために」が単なる受益者を表すのでないことは、

（4） a．花子は誕生日の妹にプレゼントを買ってあげた。
　　　b．花子は誕生日の妹のためにプレゼントを買ってあげた。

という二つの文で、「ために」を用いた（4b）がやや大袈裟な表現であることからも裏付けられる。こうした「ために」は、動作・行為の広義「目的」を表す形式である。大曾（1983：123）は次のように述べている。

　「～のために」と言う句は、どんな場合にも授動詞（竹林注：ここでは与益補助動詞のこと）と共起し得るようだが、この句は好意の与え手が受け手を意識して、意図的に行う行為としか使えない。

「好意の与え手が受け手を意識して、意図的に行う行為としか使えない」という特徴も、「ために」が動作・行為の広義「目的」を表すことによるものである。
　一方、「太郎は花子にネクタイを買ってもらった。」（＝（1e））・「太郎は花子に部屋から出てもらった。」（＝（1f））のような、受益構文における「に」格名詞句は、

（5）　＊停電で驚いたが、しばらくして電気についてもらった。

のように無生物の要素（（5）では「電気」）をとりにくい（無生物の要素をとれる場合が限られている）ことなどからも、＜主部に立つ受益者がそこから恩恵・益を受ける相手としての与益者＞を表現する形式であると見られる[注2]。
　同じく「与益者」と言っても、受益構文の与益者（主部項目がそこから恩恵・益を受ける相手）は、与益構文の一種である「～てくれる」構文の与益者（恩恵・益をもたらす事態における主体）［cf. 第II部2章3.1節］とは性質を異にする[注3]。「～てくれる」構文では、

（6） 停電で驚いたが、しばらくして電気がついてくれた。(cf. (5))

のように言うことができる（cf. 高見・久野［2002：第6章］、山田［2004：第2章］）。

　上で見たように、与益構文の「に」格名詞句は、受益者を表すことを本質とするものではないと考えられる。それでは、与益構文における「に」格名詞句の性質は如何なるものであろうか。以下では、前章（第Ⅱ部3章）の論を振り返りつつ、与益構文における「に」格名詞句がどのような性質（意味・機能）を有しているのかということを確認したい。

（7）　a．＊花子は太郎に部屋から出てやった。（＝（1c））
　　　b．花子は太郎のために部屋から出てやった。（＝（2a））
　　　c．花子は部屋から出てやった。

　（7a）が不適格なのに対して（7b）（7c）が適格であるという現象は、（7a）と（7b）（7c）との間に見られる適格性の違いが（「ため」を伴わず名詞「太郎」に直接付くものとしての）助詞「に」の有無によって生じている以上、助詞「に」の性質が深く関わっていると考えられる。また、（7a）の動詞句（「部屋から出る」）を変えると、

（8）　花子は太郎にネクタイを買ってやった。（＝（1a））

のように適格な文となる。よって、与益構文において「に」格名詞句の使用が可能か否かは、助詞「に」と動詞句との呼応関係の在り方によるものとして捉えられる（第Ⅱ部3章3.1節）。

　それでは、助詞「に」と「部屋から出る」のような動詞句とが共起できない（（7a））のは、なぜであろうか。このことは、助詞「に」の性質から説明される。

　助詞「に」について、国広（1986）は次のように述べている。

「に」は一方向性をもった動きと、その動きの結果密着する対象物あるいは目的の全体を本来現（sic）わしている（p. 199）

また、国広（1986：199）は、上の「に」の意味を次の図で示している。そして、「に」の諸用法は、左の構図の諸領域が焦点化されることによって生ずる、とされている[注4]。

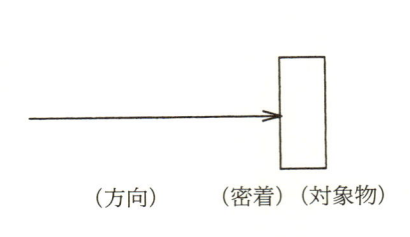

（方向）　（密着）（対象物）

さて、上のように、「に」の意味には「動き」（移動）という要素が含まれているが、「動き」といっても、それは何かの動き／誰かの動きであり、〈移動の主体〉が存在する。与益構文においても、「に」と動詞句との呼応関係が成り立つためには、「に」の意味と呼応して、動詞句にも〈（一方から他方へと移動する）移動主体〉の存在が含意されていなければならない（第II部3章3.3節）。

例えば、

（9）　花子は太郎にネクタイを買ってやった。（＝（8））

の動詞句（「ネクタイを買う」）には、「花子」から「太郎」へと移動する主体として「ネクタイ」という要素が存在する。よって、この（9）の例では、助詞「に」と動詞句との呼応関係が成立し、「に」格名詞句が使用できる。一方、

（10）　*花子は太郎に部屋から出てやった。（＝（7a））

という文は、《花子が、部屋から出ることで、太郎に益を与えた》という意味を表現しようとしたものであるが、「花子」から「太郎」へと移動する主体が動詞句（「部屋から出る」）に含意されていないため、「に」と動詞句との呼応が成り立たず、「に」格名詞句が使用できない。

与益構文の「に」格名詞句は、動詞句で表される事態において一方から他方へと移動する要素がある場合、その移動ならびに移動先を示すものであり、受益者を表すための形式ではない。
　Ikegami (1987) は、次のような 'goal-over-source principle'（ごく簡略に言えば、＜言語表現においては 'GOAL'［到達点］のほうが 'SOURCE'［起点］よりも重要性が高い＞という見方）を提唱している。

> The goal is invariably the more natural and more dominant element, while the source is uncertain and instable……The mention of the goal is essential, but the mention of the source is only optional. (p. 135)

　しかし、与益・受益両構文に関する本章の論は、上の Ikegami (1987) の説への反例となる。なぜなら、与益者（恩恵・益の 'SOURCE'）を表すことを本質とする文法要素・形式は与益構文・受益構文いずれにも存在する（与益構文の主部、受益構文の「に」格名詞句）のに対して、受益者（恩恵・益の 'GOAL'）を表現することを本質とする文法要素・形式は与益構文には存在しないからである（受益構文の主部は受益者を表す）。よって、Ikegami (1987) の 'goal-over-source principle' は再検討の余地があるということになる。

4．おわりに

　本章では、日本語の与益構文・受益構文における与益者・受益者の表現について考察した。以上で述べたことの要点は次の通りである。

① 　恩恵・益の授受関係における、主部項目の相手方に関する表現において、与益構文は受益者を表すことを本質とする文法要素・形式を有していないのに対し、受益構文は与益者を表現することを本質とする形式を持つ。この点で与益構文と受益構文とは非対称的である。

②　与益構文と受益構文との間には、与益者の表現の面においても性質の違いが見てとれる。即ち、受益構文の与益者（「に」格項目）は＜主部に立つ受益者がそこから恩恵・益を受ける相手としての与益者＞であるのに対して、「～てくれる」構文（与益構文の一種）の与益者（主部項目）は、＜恩恵・益をもたらす事態における主体としての与益者＞である。

　これら①②を踏まえて与益構文－受益構文間の非対称性を図示すると、次のようになる。

　　　与益構文：与益者（主部項目）　本質的には非受益者（「に」格項目など）
　　　　　　　　　　　　　△　　　　×
　　　受益構文：受益者（主部項目）　与益者（「に」格項目）

　与益構文の与益者と受益構文の与益者との関係を△で示したのは、両構文の与益者が、いずれも「与益者」であるという点では共通するが、「与益者」としての性質において相違するからである（上記②）。
　「与益構文は受益者を表すことを本質とする文法要素・形式を有していないのに対し、受益構文は与益者を表現することを本質とする形式を持つ」（上記①）ということを別の観点から見ると、主部に立たない受益者は、受益者そのものとしては、特定の文法要素・形式で表されない、ということである。
　日本語は利害関係の表現に敏感な言語であると言われる（cf. 水谷1979：第5章）。利害の表現に関して「（ら）れる」と並んで重要な役割を担う与益・受益両構文において、「主部に立たない受益者は、受益者そのものとしては、特定の文法要素・形式で表されない」のは、なぜであろうか。これは、（受益者の範囲［即ち、受益者が誰であるか］が明確で限定されている場合［受益者が主部に立つ受益構文のような場合］はあるにしても）恩恵・益というものが拡散性とでも言うべき性質を有していることによると

考えられる。

次例を見られたい。

(11)　太郎は、花子の代わりに、正子のために、正子の（病気の）母親に食事を作ってあげた。

　上の例において、「太郎」の行為（「食事を作る」ということ）は「花子」「正子」「正子の（病気の）母親」いずれにも益を及ぼしている。このように、恩恵・益の範囲は広がりを持つことが多く、受益者を特定の対象に限定しにくい場合が少なくない[注5]。そのため、与益構文においては受益者を表すことを本質とする文法要素・形式が存在しないのだと見られる。

　恩恵・益の授受を表す構文における与益者・受益者の表現をめぐって日本語と他言語との間に如何なる共通点・相違点が存するのかということについては、今後の課題としたい。

第Ⅲ部　「を」と「に」

第1章　「を」「に」の省略現象

1．はじめに

　本章では、「を」「に」の所謂「省略」現象[注1]について考察する[注2]。
「を」「に」の「省略」現象とは、次の（1b）（2b）のようなものである。

（1）　a．お腹もすいたし、そろそろ御飯を食べようよ。
　　　b．お腹もすいたし、そろそろ御飯 φ 食べようよ。
（2）　a．どこに行くんですか？
　　　b．どこ φ 行くんですか？

　（1b）（2b）では、（1a）（2a）における「御飯を」「どこに」の「を」「に」が無助詞（φ）になっている。
　それでは、「を」「に」が用いられている場合（（1a）（2a））と無助詞の場合（（1b）（2b））とでは、性質がどのように異なるのであろうか。また、「を」「に」の「省略」は、「雨 φ 降ってきたよ。」のような「が」の「省略」と同様のものとして捉えてよいのであろうか。
　以下では、まず、「を」「に」の「省略」に関する先行研究を見、その問題点を指摘する（第2節）。次いで、無助詞形式の機能と関連させつつ、「を」「に」の「省略」についての本書の見方を提示し（第3節）、「を」の「省略」と「に」の「省略」との相違について述べる（第4節）。そして、最後に、「を」「に」の「省略」と「が」の「省略」との違い、ならびに、その相違をもたらす要因を考察する（第5節）。

2. 先行研究と、その問題点

　本節では、「を」「に」の「省略」現象に関する先行研究として、他の助詞の「省略」現象も含めて無助詞形式一般の機能との関わりの中で議論を展開している加藤（2003）の説を概観し、その問題点を指摘する。

2.1. 加藤説の概観

　加藤（2003）は、無助詞形式（加藤［2003］の用語では《ゼロ助詞》）の機能について次のように述べる。

> 《ゼロ助詞》の基本的な機能は、《ゼロ助詞》がついている名詞（句）に焦点が当たる情報構造としての解釈を退けることである。格助詞がつくことで生じる総記解釈も《ゼロ助詞》によって排除されることになる。これを、本書では《ゼロ助詞》が《脱焦点化機能》を有していると言う。(pp. 383-384)

　加藤（2003）の「《ゼロ助詞》の脱焦点化に関する仮説」は次のようなものである。

（3）　《ゼロ助詞》の脱焦点化に関する仮説：
　　　《ゼロ助詞》は脱焦点化機能を有する。脱焦点化機能とは、NP-CM-Pred という形式の文の中で、NP が最重要である、すなわち、InfoP (NP)＞InfoP (Pred) が成り立つ、と解釈されるのを回避する機能である。従って、NP-ϕ-Pred という文では、情報の重要度は InfoP (NP)≦InfoP (Pred) と解釈される。(p. 373)
　　　(NP＝名詞句、CM＝格助詞、Pred＝述部要素、ϕ＝《ゼロ助詞》、InfoP (X)＝「それを含む発話における、x の情報としての重要度」［p. 373］)

　加藤（2003）は、「が格」の「無助詞化」と同様に、「を格」「に格」の

「無助詞化」におけるゼロ助詞に関しても、脱焦点化機能を有すると考えている。

次例を見られたい。

（４）　（帰宅したばかりの子供に母親が尋ねる）
　　　　ねえ、ご飯｛φ／*を｝食べる？（加藤［2003：373-374］より）
（５）　（友人が遊びに来ている。話題が途切れたところで言う）
　　　　テレビ｛φ／*を｝見る？（加藤［2003：374］より）

加藤（2003：374）は、上の例について次のように述べる。

> これらは、「食べるものはご飯か？」「見るものはテレビか？」と尋ねる場面ではない。「ご飯」と「食べる」、また、「テレビ」と「見る」が情報として同じ重要性を持っていなければならない。「何か食べるのか？食べるのであればそれはご飯か？」という２つの事柄について同時に尋ね、同時に答が得たいのである。いずれかが優先されるわけではない。「見る」ということと「テレビ」ということについて、「を」といった格助詞があれば「テレビ」に情報提示上の重点が置かれてしまい、「テレビ」という情報だけが大きくなってしまう。しかし、《ゼロ助詞》を使って脱焦点化すれば、「テレビ」と「見る」の情報としての大きさがそろい（あるいは「テレビ」のほうが情報として小さくなることもあり得るが）、平坦な情報構造になる。

また、

（６）　（友人同士の会話。「申し込みのこと詳しい人いない？」と聞かれて、答える）山下｛に／φ｝電話しようか（加藤［2003：384］より）

という例について、加藤（2003：385）は次のように言う。

電話で誰かに聞くのは特に常識的で相手の意向を聞くまでもないが、相手を「山下」にすることでいいかどうか意向を知りたいということであれば、「に」という格助詞をつけることになる。一方、特に、「山下」を強調することなく、「山下に電話する」ということを平坦なひとつの情報構造として考えるのであれば、InfoP（山下）＝InfoP（電話する）という情報構造になり、《ゼロ助詞》が用いられる。この場合、電話で尋ねることも、その相手が山下であることも同時に提案することになる[注3]。

2.2．加藤説の問題点

前節（2.1節）では、ゼロ助詞の基本的機能を《脱焦点化機能》と見る加藤（2003）の説を概観した。

確かに、「を」の「省略」現象に関しては、上の加藤（2003）の見方から説明可能である（但し、「脱焦点化」という概念は、「<u>本来格助詞などの助詞があるべきところに</u>助詞を欠くものを一括して《ゼロ助詞》と呼ぶことにする」［p. 331。下線、竹林］という前提から生まれる発想であり、適切でない［cf. 本章の注1］[注4]）。

しかし、加藤説では、「に」の「省略」現象を十分に説明することが困難である[注5]。次例を見られたい。

(7) a. その父親は、息子に、新しい時計を買ったんだって／買ってあげたんだって。
　　 b. *その父親は、息子 φ、新しい時計を買ったんだって／買ってあげたんだって。
(8) a. 太郎は、友達にさんざん頼んで、ゲームを貸してもらったよ。
　　 b. *太郎は、友達 φ さんざん頼んで、ゲームを貸してもらったよ。

加藤説に基づいて考えると、上の（7b）（8b）で無助詞形式（《ゼロ助詞》）が使用できないのは、（7）（8）の表現において「息子」「友達」が焦点化されているからだということになる。しかし、実際は、（7）（8）にお

いて「息子」「友達」が焦点化されているわけでは必ずしもない。「ほかならぬ息子に」「ほかならぬ友達に」というような有標的表現であっても、そうでなくても、（7）（8）において無助詞形式を用いることはできない。

　加藤（2003：387）は、受身文で動作主を表す「に」に関して、

　（9）　僕 φ 隆志君 ｛に／φ｝殴られたんだよ。

という例を挙げ、「受身文において動作主が現れるときは、一般に情報としての価値は高く、焦点が当たるのが普通である。それを脱焦点化することは、構文の情報構造上、論理的に矛盾するのである」と述べる。しかし、この場合も、「に」で表される受身文の動作主が「構文上、常に焦点が当たることが求められる名詞句」（p. 387）であるわけではない。

　上の（7）（8）（9）のような場合に無助詞形式が使用できない理由は、「脱焦点化」ということとは別の観点から説明される必要がある[注6]。

3．「を」「に」と無助詞形式

3.1.「を」「に」と無助詞形式との性質の違い

　前節（第2節）では、「を」「に」の所謂「省略」現象に関する先行研究（加藤2003）を見、その問題点を指摘した。それでは、「を」「に」の「省略」について、どのように考えればよいであろうか。

　「を」「に」の「省略」といっても、「御飯 φ 食べようよ」のような表現を、「省略」という操作によってもたらされたものとしてではなく、もとから無助詞の表現として捉える立場（cf. 本章の注1）においては、

　（10）　a．お腹もすいたし、そろそろ御飯を食べようよ。（＝（1a））
　　　　　b．お腹もすいたし、そろそろ御飯 φ 食べようよ。（＝（1b））
　（11）　a．どこに行くんですか？（＝（2a））

　　　　b．どこ φ 行くんですか？（＝（2b））

のようなペアは、「を」「に」を含む表現と無助詞形式の表現が、各々如何なる表現性を持っているかという問題として論じられることになる。
　結論から言えば、国広（1987）・Fujii & Ono（2000）・竹林（2004a：第Ⅱ部6章）等で述べられているように、「を」「に」を用いる表現は「有標」（marked）であり、無助詞形式の表現は「無標」（unmarked）であると言える。即ち、上の（10a）と（10b）、（11a）と（11b）を例にして言えば、無助詞の（10b）（11b）が通常の表現であり、（10a）（11a）のように「を」「に」を付すと、「御飯を食べたいという気持ちが強い」「行き先への関心が高い」というような、（無助詞の場合に比べて）多少なりとも特殊性を帯びた表現となる。

3.2．無助詞形式のスキーマ的機能

　無助詞の表現が無標的であるということは、「を」「に」と無助詞形式との対比からだけでなく、次例のような、「が」「は」「って」と無助詞形式との比較によっても分かる。

（12）　a．あれ、鍵がない。
　　　　b．あれ、鍵 φ ない。
（13）　a．どなたが鈴木さんですか？
　　　　b．＊どなた φ 鈴木さんですか？
（14）　a．君は、ほんとうに賢いね。
　　　　b．君 φ、ほんとうに賢いね。
（15）　a．昔々、或る所に、おじいさんとおばあさんが住んでいました。おじいさんは山へ柴刈りに、おばあさんは川へ洗濯に行きました。
　　　　b．＊昔々、或る所に、おじいさんとおばあさんが住んでいました。おじいさん φ 山へ柴刈りに、おばあさん φ 川へ洗濯に行きま

した。
(16) a. 昨日僕が貸したペンって、どこにあるの？
b. 昨日僕が貸したペン φ、どこにあるの？
(17) a. 話者A：田中君、今度、結婚するそうだよ。
話者B：田中君って誰？
b. 話者A：田中君、今度、結婚するそうだよ。
話者B：*田中君 φ 誰？

　(12)において、「が」を用いた表現（「鍵がない。」）のほうが、無助詞形式の表現（「鍵 φ ない。」）より（相対的に）強い驚きを表す。(13b)で無助詞形式が使用できないのは、疑問文の焦点として情報上の重要度が高い疑問詞「どなた」を提示する形式として、無標的表現に働く無助詞形式は相応しくないからである。

　(14)の場合、「は」を使用した表現（「君は、ほんとうに賢いね。」）は、「他の人は別として／他の人と違って、君は」のような、他との対比を含意する。一方、無助詞形式を用いた(14b)は、「ほんとうに賢いね」と述べられる対象として「君」を提示しているというだけの表現である。(15)のように対比を表す場合、無助詞形式を用いることができない((15b))のは、対比の表現が有標的な表現だからである（cf. 竹林2004a：239）。

　また、「って」を使用した(16a)は、無助詞形式の(16b)に比べて、「昨日僕が貸したペン」を、話題（topic）として発話の場に持ち出してくるという性質が強い（cf. 竹林2004a：第II部5章）。(17b)において「*田中君 φ 誰？」という表現が成立しないのは、話し手にとって正体不明・内容不明の要素（上の例では「田中君」）が、身近でなく、把握できていない、言わば（「ウチ—ソト」の関係［牧野1996］における）「ソト」領域に属する要素であり、その要素を自分の発話内に取り込んで（即ち、ウチ化して）主題として提示するというのは、やや特殊な（即ち、有標的な）表現の在り方だからである（cf. 竹林2004a：238-239）。

　以上のように、無助詞表現の無標性は、「を」「に」と無助詞形式との比較

においてのみならず、「が」「は」「って」と無助詞形式との比較においても見られるものである。無助詞形式のスキーマ的機能は、＜或る要素を言語表現の場に単純・無色透明に提示する＞という機能（「単純提示機能」）である[注7]。

3.3.〈「を」「に」の有標性、無助詞形式の無標性〉の要因

上では、「を」「に」を有する表現が有標的であること、また、（「を」「に」の所謂「省略」現象以外の場合も含めて）無助詞形式が無標的であることを見た。

それでは、「を」「に」と無助詞形式との間に「有標―無標」という違いが存在するのは、なぜであろうか。

この問題に関して、国広（1987）の論を見ておきたい。

国広（1987：10）は、

(18) a．（別れの挨拶）それじゃあ、私 ϕ お先に失礼します。
　　 b．（別れの挨拶）それじゃあ、私がお先に失礼します。
(19) a．（店頭で客が店員に）これ ϕ 下さい。
　　 b．（店頭で客が店員に）これを下さい。

という例を挙げ、(18a)(19a)で、「が」「を」がなくても「主格」「対格」という格関係を理解することができるのは、動詞（「失礼します」「下さい」）の意味構造と名詞（「私」「これ」）との意味的相互関係の故である、と述べている。即ち、(19a)を例として言えば、「「下さい」という動詞の意味構造の一部に「対象物を発話者に渡すことを要求する」という要素があり、「これ」が指す物がその対象物に当たるという関係にある」（p. 10）ことにより、「これ」が対格名詞句として捉えられる、ということである。国広（1987）は、「が」「を」を用いた(18b)(19b)の表現について、次のように言う。

「それじゃあ、私がお先に失礼します」と言うと、何かの事情でだれか先に帰ってほしいという状況であるのにだれも先に帰ろうと言わないので、それならば「私が」というような意味が加えられる。これは純粋な主格の意味とは言えない。……「これを下さい」と言うと、どれを買おうかといろいろ迷い、店員にも相談した上でやっと決断に達したという意味合いになる。つまり強調的になるのであって、純粋な目的格関係だけを示しているのではないことになる。(p. 10)

　上の国広（1987）の見方を、所謂「省略」現象一般に当てはまるように、より広く言い換えると、次のようになる。

(20)　非言語形式化の原理：
　　　或る事柄（複数の項目間の関係も含む）がコンテクスト（文脈・場面）から把握可能だと言表者によって判断される場合には、当該事項は言語形式化されないのが常態である[注8]。

　この「非言語形式化の原理」は、命令文における主部（subject）の在り方を考えると分かりやすい（cf. 森重［1971：80-82］、竹林［2004a：第Ⅰ部2章］）。命令文は、通常は、

(21)　走れ！

のように主部を言語形式化しない。

(22)　君が／は、走れ！

のように主部（「君」）を言語形式化すると、動作主体を特に指定するという有標的表現になる。このように、命令文において、主部を言語形式化しないのが常態（無標）であり、主部の言語形式化が有標的なのは、命令文の主部

が二人称者（即ち、発話の向けられる対象）でしかあり得ないからである。言わずとも明らかなことを敢えて言葉にするのは、それを強調したい、確認したい、などといった特別な事情があるためである。

　また、水谷（1979：36）も次のように述べている。

　　「うちに帰ったらすぐ電話するよ」は、ごく普通に使われる表現である。もしこの場合、「ぼくがうちに帰ったら、すぐに君に電話するよ」と言ったとすると、うちに帰る可能性のある人は「ぼく」以外にもあって、その中から「ぼく」を選んでいるということになり、また、電話をする相手になる可能性をもつ人は「君」以外にもあることを前提としていることになる。

次の例を見られたい。

(23)　a．お腹もすいたし、そろそろ御飯 φ 食べようよ。(=（10b))
　　　b．お腹もすいたし、そろそろ御飯を食べようよ。(=（10a))
(24)　a．（店頭で客が店員に）これ φ 下さい。(=（19a))
　　　b．（店頭で客が店員に）これを下さい。(=（19b))
(25)　a．どこ φ 行くんですか？(=（11b))
　　　b．どこに行くんですか？(=（11a))

　これら（23）～（25）の例において、無助詞形式を使用したａが無標であり、「を」「に」を用いたｂが表現的に有標なのは、「複数の項目間の関係」（「御飯」と「食べる」の関係、「これ」と「下さい」の関係、「どこ」と「行く」の関係）が、無助詞形式を用いても明らかであるにもかかわらず、敢えて、その関係の在り方を「を」「に」で表しているからである。

　助詞の省略（即ち、無助詞形式の使用）であれ、他の言語要素（例えば「主部」）の非言語形式化であれ、「省略」現象の根底に存在するのは、上記「非言語形式化の原理」（(20)）である。

4．「を」の「省略」と「に」の「省略」との相違

　本節では、「を」「に」の「省略」について、さらに考え、「を」の「省略」と「に」の「省略」との相違を明らかにしたい。

　前節（第3節）の論から、表現的に有標の場合、「を」「に」が省略され難いことが分かる[注9]。

　また、「に」に関しては、表現的に有標でなくても、次のような場合に省略が許されない（即ち、「に」の代わりに無助詞形式で表現することができない）。

(26)　a．その父親は、息子に、新しい時計を買ったんだって／買ってあげたんだって。(＝(7a))[「モノの移動先」〈或いは「受け手」〉を表す用法]
　　　b．*その父親は、息子ϕ、新しい時計を買ったんだって／買ってあげたんだって。(＝(7b))
(27)　a．太郎は、友達にさんざん頼んで、ゲームを貸してもらったよ。
　　　　　　　　　　　　　　　　(＝(8a))[「依頼相手」を表す用法]
　　　b．*太郎は、友達ϕさんざん頼んで、ゲームを貸してもらったよ。
　　　　　　　　　　　　　　　　　　　　　　　　　　　(＝(8b))
(28)　a．太郎は、隣の家のおじさんに、思わぬ褒め言葉をかけてもらったそうだよ。(「与益者」を表す用法)
　　　b．*太郎は、隣の家のおじさんϕ、思わぬ褒め言葉をかけてもらったそうだよ。
(29)　a．彼女は、よく、先生に褒められる。(「動作主」を表す用法)
　　　b．*彼女は、よく、先生ϕ褒められる。

　これら(26)～(29)のような場合に関しても、前節（第3節）の論から説明可能である。前節で述べた「非言語形式化の原理」は次のようなもので

あった。

> 或る事柄（複数の項目間の関係も含む）がコンテクスト（文脈・場面）から把握可能だと言表者によって判断される場合には、当該事項は言語形式化されないのが常態である。

　上の（26）〜（29）のような場合に「に」の省略ができない（即ち、無助詞形式の使用が許されない）のは、「複数の項目間の関係」が明瞭でないからである。例えば、（26b）は、《その父親は、息子が（その父親のために）新しい時計を買ったんだって／買ってあげたんだって》という意味に解釈されかねない。これと同様に、（27b）も、《太郎は、友達が（太郎のために）さんざん（誰かに）頼んで、ゲームを貸してもらったよ》という意味として受け取られるおそれがある。（28b）（29b）で「に」の省略ができないのも、言表者が主部項目（「太郎」「彼女」）の側に視点を置き、視線の移動を表す助詞「に」[注10]を用いて「与益者」（「隣の家のおじさん」）・「動作主」（「先生」）を対者として設定することによって、項目間の関係を明確にする必要があるためである。

　「に」とは異なり、「を」に関しては、表現的に有標でない場合、「非言語形式化の原理」による省略制限は緩やかである。

（30）　a．その父親は、息子に、新しい時計を買ったんだって／買ってあげたんだって。（「動作・行為の対象」用法）[cf.（26a）]
　　　　b．その父親は、息子に、新しい時計φ買ったんだって／買ってあげたんだって。（cf.（26b））
（31）　a．太郎は、友達にさんざん頼んで、ゲームを貸してもらったよ。
　　　　　　　　　　　　　　　（「動作・行為の対象」用法）[cf.（27a）]
　　　　b．太郎は、友達にさんざん頼んで、ゲームφ貸してもらったよ。
　　　　　　　　　　　　　　　　　　　　　　　　　　　（cf.（27b））
（32）　a．太郎は、隣の家のおじさんに、思わぬ褒め言葉をかけてもらっ

たそうだよ。(「動作・行為の対象」用法)［cf.(28a)］
　　　b. 太郎は、隣の家のおじさんに、思わぬ褒め言葉φかけてもらったそうだよ。(cf.(28b))
(33) a. 太郎は、今朝、5時半に家を出たよね。(「移動の起点」用法)
　　　b. 太郎は、今朝、5時半に家φ出たよね。
(34) a. 花子は、いつも、この道を通って学校に通うんだよ。
　　　　　　　　　　　　　　　　　　　　　　　　(「移動の経路」用法)
　　　b. 花子は、いつも、この道φ通って学校に通うんだよ。
(35) a. 彼は、嵐の中を、息子を探した。
　　　　　　　　　　　　　　　　(「状況」用法［cf. 第Ⅰ部1章3.4節］)
　　　b. 彼は、嵐の中φ、息子を探した。

　上のように、「を」において省略が相当自由にできるのは、「を」の用法の種類が「に」より少なく[注11]、文表現における「複数の項目間の関係」も「に」の場合に比べてかなり明瞭なためである。

5.「を」「に」の「省略」と、「が」の「省略」

　「を」「に」の「省略」と「が」の「省略」とは、同列に並べて論じられることが多い。「が」の「省略」というのは、次のようなものである。

(36) a. 靴紐φほどけてるよ。
　　　b. あっ、雨φ降ってきた。

例えば、国広(1987)は、先に見たように(本章3.3節)、

(37) a. (別れの挨拶) それじゃあ、私がお先に失礼します。(=(18b))
　　　b. (別れの挨拶) それじゃあ、私φお先に失礼します。(=(18a))

という「が」の省略を、

(38)　a．（店頭で客が店員に）これを下さい。（＝（19b））
　　　b．（店頭で客が店員に）これφ下さい。（＝（19a））

という「を」の省略と同様に扱い、いずれも（即ち、「が」の省略も「を」の省略も）動詞「失礼します」「下さい」の意味構造と名詞「私」「これ」との相互関係で「私」「これ」が各々、主格名詞句・対格名詞句であることが分かるから「が」「を」が省略される（即ち、無助詞形式が用いられる）のだとしている。

しかし、次例を見られたい。

(39)　a．このポットの一番のセールス・ポイントは、ものの数分でお湯が沸くことです。
　　　b．??このポットの一番のセールス・ポイントは、ものの数分でお湯φ沸くことです。

上の(39)における「お湯」と「沸く」は、動詞（「沸く」）の意味構造と名詞（「お湯」）との相互関係から、「お湯」が動詞「沸く」に対する主格名詞句であることが明らかである。しかし、(39)では、「が」を省略すると不自然な文になる（(39b)）。これは何故であろうか。

「を」「に」の場合、「複数の項目間の関係」が明瞭であるにもかかわらず「を」「に」が省略されないのは、有標的に表現する場合であった（本章3.1節・3.3節）。次の諸例を見てみたい。

(40)　a．お腹もすいたし、そろそろ御飯を食べようよ。（＝（23b））
　　　b．お腹もすいたし、そろそろ御飯φ食べようよ。（＝（23a））
(41)　a．（店頭で客が店員に）これを下さい。（＝（38a））
　　　b．（店頭で客が店員に）これφ下さい。（＝（38b））

(42) a. どこに行くんですか？（＝（25b））
　　 b. どこ φ 行くんですか？（＝（25a））

　上の(40)〜(42)のaにおける「を」「に」は、「複数の項目間の関係」が明確であるため、いずれも、bのように省略可能である（本章3.3節）。にもかかわらずaのように「を」「に」を用いるのは、「御飯を食べたいという気持ちが強い」（(40a)）・「欲しいのが「これ」であることを強調したい」（(41a)）・「行き先への関心が高い」（(42a)）というような事情があるからである（本章3.1節・3.3節）。(40)〜(42)のaで「を」「に」に前接する「御飯」「これ」「どこ」は、上のような欲求・関心の焦点（強調点）であると言える。

　「が」の「省略」に関しても、有標的表現において、「が」に前接する項目が心理上の焦点である場合には「が」が省略されない、という見方が広くなされている（cf. Tsutsui [1983]、Masunaga [1988]、加藤 [2003：第5章]）。先に見たように（3.3節）、国広（1987）は、

(43) a.（別れの挨拶）それじゃあ、私がお先に失礼します。（＝（37a））
　　 b.（別れの挨拶）それじゃあ、私 φ お先に失礼します。（＝（37b））

という例を検討し、「が」を用いた(43a)について、「何かの事情でだれか先に帰ってほしいという状況であるのにだれも先に帰ろうと言わないので、それならば「私が」というような意味が加えられる」（p. 10）と述べている。この(43a)の「私」は、当該の文における表現心理上の焦点である。(43b)のように無助詞形式を用いたのでは、(43a)のような有標的表現とはならない。

　しかし、先に挙げた、

(44) a. このポットの一番のセールス・ポイントは、ものの数分でお湯が沸くことです。（＝（39a））

b. ??このポットの一番のセールス・ポイントは、ものの数分でお湯 φ 沸くことです。(＝(39b))

という例においては、文における「複数の項目間の関係」(「お湯」と「沸く」との関係)が明瞭である。また、「お湯」が文表現における心理上の焦点であるというのでもない(表現心理上の焦点は「ものの数分で」の部分である)。にもかかわらず、(44)では「が」の省略が不自然である。ここに、「を」「に」の「省略」と「が」の「省略」との違いが見てとれる。即ち、「を」「に」の場合、「複数の項目間の関係」が明らかであるのに敢えて「を」「に」を用いるのは、有標的な表現をする場合であり、「を」「に」の前接項目は当該表現における心理上の焦点である、ということが言える。一方、「が」の場合は、「お湯─沸く」のように「複数の項目間の関係」が明瞭であり、かつ、有標的表現における心理上の焦点項目を提示するのでもないのに、「が」の省略が困難なことがある。

　「を」「に」の省略と「が」の省略との間に上のような相違が存在するのは、なぜであろうか。この問題を解決するためには、文構成(或いは、表現内容構成)における、「を」「に」と「が」との働きの違いを理解する必要がある。

　「が」は、「本が読みたい」のような「目的格／対象」を表す「が」を含め、全用法において「主部」の提示に働く。「主部」とは、「文(sentence)或いは節(clause)において、それについて或る事柄の実現性の在り方が語られる対象(項目)」(竹林2004a：48)である。

　(45)　このポットの一番のセールス・ポイントは、ものの数分でお湯が沸くことです。(＝(44a))

という文における「が」は、「このポットの一番のセールス・ポイント」として重要な意味合いを付与されている「ものの数分でお湯が沸く」という事柄の(構造上の)中核項目「お湯」を提示している[注12]。

情報上、重要な意味合いを付与されている（その意味で有標的な）事柄における中核項目（主部）を提示するには、それ相応に重要度を持たせる必要がある。そのために用いられる言語形式が、「中心化提示」という機能（即ち、＜或る要素を、情報上の重要性を有する主部として提示する＞という働き）を担う助詞「が」である（竹林2004a：第Ⅱ部3章）。(45)において、「お湯」と「沸く」との関係が明瞭であり、また、「お湯」が表現心理上の焦点でないにもかかわらず「が」が省略されない（「が」を省略すると不自然になる）のは、上のような理由による。

一方、「を」「に」の承ける要素（所謂「目的語」など）は、文法構造あるいは内容構成の上で、主部のような重要性を持つものではない。よって、「複数の項目間の関係」が明瞭であり、かつ、「を」「に」が有標的表現における心理上の焦点項目を承けるのでない場合、「を」「に」の省略（即ち、無助詞形式の使用）が可能となる。次例を見られたい。

(46) a. このポットの一番のセールス・ポイントは、ものの数分でお湯を沸かすことです。(cf.(44a))
　　 b. このポットの一番のセールス・ポイントは、ものの数分でお湯φ沸かすことです。(cf.(44b))
(47) a. 何より大事な事実は、ほかの誰でもない、ぼくがそこに座ってたことなんだよ。
　　 b. 何より大事な事実は、ほかの誰でもない、ぼくがそこφ座ってたことなんだよ。

上の(46a)(47a)において、「ものの数分でお湯を沸かすこと」「ほかの誰でもない、ぼくがそこに座ってたこと」は、「このポットの一番のセールス・ポイント」「何より大事な事実」として重要な意味合いを与えられている。しかし、「を」「に」の承ける「お湯」「そこ」が表現心理上の焦点ではなく（(46)(47)の表現心理上の焦点は、各々、「ものの数分で」「ぼく」の部分）、「お湯」と「沸かす」、「そこ」と「座ってた」の関係も明瞭であるた

め、「を」「に」を省略することができる（(46b) (47b)）。

　以上、本節で見たように、「を」「に」の省略と「が」の省略との間には異なる面があり、その相違は、文構成・表現内容構成における、「が」と「を」「に」との働きの違いに因るものとして捉えられるのであった。

6．おわりに

　以上、本章では、「を」「に」の所謂「省略」現象について、無助詞形式の機能や「が」の「省略」と関連させながら考察した。

　本章の要点をまとめると、以下のようになる。

① 　「を」「に」の「省略」が可能な場合、「を」「に」を使用する表現は有標的であり、無助詞形式の表現は無標的である。「を」「に」と無助詞形式との間に「有標―無標」という相違があるのは、「省略」現象一般に当てはまる次の原理が存在することによる。

　　<u>非言語形式化の原理</u>：
　　或る事柄（複数の項目間の関係も含む）がコンテクスト（文脈・場面）から把握可能だと言表者によって判断される場合には、当該事項は言語形式化されないのが常態である。

② 　有標的表現の場合には、（音声的強勢が用いられる場合を除いて）表現心理上の焦点項目を承ける「を」「に」は省略されない（即ち、無助詞形式は用いられない）。また、「に」においては、表現的に有標でなくても、「複数の項目間の関係」を明瞭にする必要性から省略（無助詞形式の使用）が困難な用法がある。一方、「を」においては、有標的表現でない場合、「非言語形式化の原理」による省略制限は緩やかである。「を」と「に」の間に上のような違いが存在するのは、「を」の用法の種類が「に」より少なく（即ち、「に」のほうが「を」より多様な用法を

有し)、文表現における「複数の項目間の関係」も、「を」のほうが「に」の場合より明瞭だからである。

③　「を」「に」の「省略」と、「が」の「省略」とでは相違する面がある。即ち、「を」「に」の場合、「複数の項目間の関係」が明らかであるのに敢えて「を」「に」を用いるのは、有標的な表現をする場合であり、「を」「に」の前接項目は当該表現における心理上の焦点である。一方、「が」の場合は、「複数の項目間の関係」が明瞭であり、かつ、有標的表現における心理上の焦点項目を提示するのでもないのに、「が」の省略が困難なことがある。この相違は、文構成・表現内容構成における、「を」「に」と「が」との働きの違いに起因するものである。

第2章　「を」使役と「に」使役
――助詞「を」「に」のスキーマ的意味からの考察――

1．はじめに

　本章では、「を」使役と「に」使役について考察する[注1]。「を」使役とは、

（1）　あの母親は、よく、息子を買い物に行かせる。

のように、使役対象（（1）では「息子」）に「を」が後接する使役表現である。また、「に」使役とは、

（2）　太郎は、いつも、花子に荷物を持たせる。

のように、使役対象（（2）では「花子」）に「に」が後接する使役表現である。
　「を」使役と「に」使役について、「（さ）せる」に前接する動詞が自動詞の場合は使役対象が「を」格になることが多く、他動詞の場合は「に」格になることが多い、ということが指摘されている（国立国語研究所［1964］、早津［1995・1999］）。
　この現象は、他動詞であれば、使役対象のほかに「動作・行為の対象」が（言語形式化されているか否かはともかく）存在するから使役対象は「に」格項目となることが多く、自動詞であれば、使役対象と別に「動作・行為の対象」が存在しないため、「使役」行為のエネルギー伝達対象として使役対象が「を」格項目になることが多い、ということであると考えられる（詳しくは第4節で述べる）。

しかし、「（さ）せる」に前接する動詞が自動詞の場合、次例のように、使役対象が「に」格の場合もある、ということが従来から注目されてきた。

（3）　あの母親は、よく、息子に買い物に行かせる。（cf.（1））

「彼を行かせる」「彼に行かせる」のように、「を」使役・「に」使役いずれの表現も存在する場合に関して、両者間の表現性の違いを明らかにしようとする研究がなされてきた一方で、「を」使役と「に」使役とは意味的に相当類似しているとし、両者間に意味上の差異を求めることに積極的意義を認めない立場もある。

本章では、「を」使役と「に」使役について、助詞「を」「に」のスキーマ的意味（「を」「に」各々の諸用法を貫いて認められる本質的意味）から考察する。そのことにより、「を」使役と「に」使役との間の類似性・相違性に包括的な説明を与える。また、「を」使役と「に」使役について考察することにより、「を」「に」の性質の類似点・相違点を明確にする。

2．先行研究と、その問題点

前節（第1節）で述べたように、「を」使役・「に」使役に関して、先行研究には次の二種がある。

a.「を」使役と「に」使役とでは表現性がどのように異なるのかを積極的に明らかにしようとする立場
b.「を」使役と「に」使役との意味的類似性から、両者間に意味上の差異を求めることに積極的でない立場

本節では、まず、上記 a の立場に立つ研究を概観・検討する（2.1節）。次いで、b の立場の主張を見、その問題点を指摘する（2.2節）。

2.1.「を」使役と「に」使役の相違に注目する研究

「を」使役・「に」使役間の表現性の違いに注目する研究には、Kuroda (1965)・柴谷 (1978) 等がある。以下では、まず、Kuroda (1965) の説を見、次いで、柴谷 (1978) の論を概観する。その後、Kuroda (1965)・柴谷 (1978) の問題点を述べる。

2.1.1. Kuroda (1965)

Kuroda (1965：34-35) は、「に」使役と受益構文(「～にVてもらう」構文)との間に、次のような、言語現象上の類似性・並行性が見られることを指摘する(以下の例文は、原文ではローマ字で表記されている。また、「?」は、当該表現が不自然であるというKuroda [1965] の判断を承けて、竹林が付した)。

(4) a. 子どもに来てもらう。
　　b. 子どもに来させる。
(5) a. 病気の間、妻に働いてもらう。
　　b. 病気の間、妻に働かせる。
(6) a. 代わりに子どもに行ってもらう。
　　b. 代わりに子どもに行かせる。
(7) a. ?子どもに寝てもらう。
　　b. ?子どもに寝させる。
(8) a. ?雨に降ってもらう。
　　b. ?雨に降らせる。[注2]

上のような言語現象を踏まえ、Kuroda (1965：35-36) は次のように述べる。

　This parallelism makes us suspect that some semantic feature is shared by the *te moraw* construction and the *ni*-causative, which makes the latter characteristically distinct from the *o*-causative. Indeed, when the *te moraw* construction is used, we may assume that the action by the subject of the constituent sentence is done willingly by him, or with his consent, or at least is supposed to be so by the subject of the causative sentence. This semantic feature of the *te moraw* construction is apparently shared with the corresponding *ni*-causative forms. On the other hand, when the *o*-causative is used, it can be said that the subject of the causative is indifferent as to willingness or consent of the subject of the constituent sentence to do the particular act mentioned, or that the former's will to make the latter do it even against the latter's will is implied.

2.1.2. 柴谷（1978）

柴谷（1978）は、「を」使役・「に」使役について論ずるにあたり、使役を「誘発使役」と「許容使役」に分ける。

> 日本語の使役文は、多くの言語の使役文がそうであるように、二つの反対の使役状況を表わす。二つの使役状況を便宜上、「誘発使役」と「許容使役」と呼ぶことにしよう。誘発使役状況とは、ある事象が使役者の誘発がなければ起こらなかったが、使役者の誘発があったので起こったという状況を指す。一方、許容使役とは、ある事象が起こる状態にあって、許容者（使役者と形態的に同じ）はこれを妨げることが出来た。しかし許容者の妨げが控えられ、その結果その事象が起こったという状況を指す。(p. 310)

また、柴谷（1978：310）は次のように言う。

> 使役構文の補文が自動詞を含む場合（竹林注：「(さ)せる」に前接する動詞が自動詞の場合）は、動作主として働く被使役者を「に」ででも「を」ででも表わすことが出来る。また両方の形が誘発使役文としても許容使役文としても使うことが出来る。

そして、柴谷（1978）は、「を」使役と「に」使役の意味的相違について、「誘発使役文」と「許容使役文」とを分けて考察する[注3]。

まず、「誘発使役文」に関しては次のように述べる。

> 誘発使役に於ける「を」使役文と「に」使役文の基本的な意味の違いは、前者は被使役者の意志を無視した表現であるが、後者は被使役者の意志を尊重した表現であるということである。この基本的な違いを裏づける事柄として次のことが挙げられよう。「を」使役文は、強制的に強いられた状況とか、使役者が直接手を下して物事を引き起こした場合とか、それに使役者が権威者である場合を典型的に表わす。一方、「に」使役文は、被使役者の意志を重んじ、使役者がそれにうったえて物事を引き起こしたような状況を典型的に表わす。(pp. 311-312)
> 「に」使役文は被使役者が動作主[注4]の場合に限られ、被使役者の自発性を重くみた表現であるのに対し、「を」使役文は被使役者の、使役行為の対象としての役割を重く見た表現であるということが出来る。(p. 313)

例えば、

（9）　そこで家人を豆腐屋に走らせ、おからを買わせる一方、……。
　　　　　　　　　（團『続々パイプのけむり』）［柴谷〈1978：311〉より］

という文について、柴谷（1978：312）は、「家の主人が権威者の立場で家人の意志を無視して用事を言いつけた状況の表現である」と言う。また、

（10）　土曜日に、修一に行かせよう。
　　　　　　　　　　　　（川端『山の音』）［柴谷〈1978：311〉より］

という例について、「父が修一という息子に言ってきかせ、行かせるという状況」(p. 312) を表しているとする[注5]。

また、柴谷（1978）は、

(11) a．奴隷監督は鞭を使って奴隷達を働かせた。
　　 b．*?奴隷監督は鞭を使って奴隷達に働かせた。
              (いずれも、柴谷［1978：312］より)

という例を挙げて、(11b) について「不可能ではないが、この場合は監督が鞭の威力を借りて奴隷達を説得し、奴隷達が自分の意志で働いたというような意味合いが強い」と述べ、「監督が鞭をふりふり奴隷達を追い回している光景」は (11a) で表現される、とする。

　さらに、柴谷 (1978) は、

(12) a．太郎は次郎　を／*に　気絶させた。
　　 b．太郎は次郎　を／*に　びっくりさせた。
　　 c．太郎は次郎　を／*に　蘇らせた。
              (いずれも、柴谷［1978：312］より)

という例について、次のように言う。

　　被使役者が意志的に引き起こせない状況を表わす使役文は「を」使役でなければならないという理由は、「に」使役文は使役者が被使役者の意志にうったえる状況を表わすが、「を」使役文は被使役者の意志に関係なく、使役者が自ら手を下してある状態を引き起こす状況を表わし得るという点にある。(p. 312)

　次に、「許容使役文」の場合に関して、柴谷 (1978) は次のような見方をとる。

　　許容使役文の場合にも「を」使役文と「に」使役文があるが、意味の違いは誘発使役の場合と異なっている。許容使役に於ける「を」使役文と「に」使役文の違いは主に許容の違いにある。(p. 314)

具体的には、「を」使役は「消極的な許容」(「積極的に承諾を与えないが、ある物事の発生・進行を妨げるのを控える」[p. 314] という許容)を表し、「に」使役は「積極的な許容」(「承諾を与えて積極的に許す」[p. 314] という許容)を表す、としている。

柴谷(1978：314)は、

> 例えば、子供が映画に行きたがっていたとしよう。この場合、親が「よし行ってこい」と言って積極的に承諾を与えたとすれば、それは積極的な許容である。この場合は「に」使役文の方が自然である。

とし、次の例を挙げる。

(13)　a．よし、と言って、子供に行かせた。
　　　b．？よし、と言って、子供を行かせた。
　　　　　　　　　　　　　　(いずれも、柴谷[1978：314]より)

また、柴谷(1978：314)は、

> 映画に行きたがる子供が親に黙って出て行こうとするのを、見て見ぬふりをして消極的に許したというような場合には、「を」使役文の方が自然である。

として、次例を挙げる。

(14)　a．？見て見ぬふりをして子供に行かせた。
　　　b．見て見ぬふりをして子供を行かせた。
　　　　　　　　　　　　　　(いずれも、柴谷[1978：314]より)

上で概観した、「を」使役・「に」使役の意味的相違に関する柴谷(1978)の見方は、(「誘発使役」に関して)先の Kuroda(1965)の論と同様のもの

であり、Shibatani（1990：308-310）でもとられている。

2.1.3. Kuroda（1965）・柴谷（1978）の問題点

　上で概観した Kuroda（1965）・柴谷（1978）のような見方に対して、早津（2004：142）は次のように言う。

　　　人の意志動作の惹き起こしの場合には、次のような二種類の使役文（「ヲ使役」「ニ使役」）が可能である。
　　　　親が｛子供を・子供に｝駅まで歩かせる。／夫が｛妻を・妻に｝働かせる。
　　そして、両者の違いとしてしばしば、「～ヲ Vi-(s)aseru」（竹林注：「Vi」は自動詞のこと）は強制的で使役対象の意志を無視した使役、あるいは使役主体からの直接的な働きかけのある使役であるのに対して、「～ニ Vi-(s)aseru」は非強制的で使役対象の意志を尊重した使役、あるいは間接的な働きかけによる使役だといったことがいわれる。しかし、国立国語研究所（1964）、早津（1995、1999a）［竹林注：早津〈1999a〉は、本書「引用文献」の早津〈1999〉に該当する］で観察された実例においては、もとの動詞が「ドコを」をとる移動動詞（「歩く、通る」など）や同族目的語をとる動詞（「歌う、踊る」など）以外では、自動詞使役が「～ニ Vi-(s)aseru」となる例はほとんどなく、さらに、ごく僅かみられる「～ニ Vi-(s)aseru」の実例を「～ヲ Vi-(s)aseru」と比べてみても、上述のような意味的な特徴が明確に確認できるとはいえない。

　早津（1995：170）は、次のような例を挙げ、「ここには、"強制的"か"任意・許容的"といった違い（竹林注：「"強制的"か"任意・許容的"かといった違い」ということであろう）は感じられない」と指摘する。この早津（1995）の指摘は妥当であると考えられる。

　（15）　かづはあんまり神だのみをしない性質だったが、その日の朝は四時から起きて、仏壇に燈明をあげた。死んだ先妻をも味方に引き入れ

て、野口を勝たせるために助け合おうと思ったのである。…少しも敬虔な調子ではなく、かづの心は、「ねえ、女同士で手を握り合って、何としてでもあの人を勝たせましょうね」と語りかけた。
　　　　　　　　　　　（宴のあと）［かづが野口を（選挙に）勝たせる］
(16)　葉子は大抵の場合、弱い者の味方をしてみるのが常だった。どんな時でも、強いものがその強味を振りかざして弱い者を圧迫するのを見ると葉子はかっとなって、理が非でも弱いものを勝たしてやりたかった。(或る女)注6
(17)　（道長と伊周が、当たり矢の数を競い、いちおう道長が勝ったのだが、道隆はじめまわりの人は試合の延長を決定する。）
　　いったん勝負のきまったものを、そういう連中が寄ってたかって延長ときめたのは、伊周に勝たせたいというのでなく、仲良く引き分けに持ち込みたい、という道隆の意を支持したのである。
　　　　　　（大鏡の人々）［道隆たちが、伊周に（道長に／試合に）勝たせる］
　　　　　　　　（例文の下線ならびに［　］内も、早津［1995］のもの）

　早津（1995）の言う通り、上の例（15）～（17）に関して、＜「を」使役（(15)(16)）は被使役者の意志を無視した表現であり、「に」使役（(17)）は被使役者の意志・自発性を尊重した表現である＞というように分けることは困難である。
　また、先に見たように、柴谷（1978）は、「許容使役」に関して、「を」使役と「に」使役との違いを次のようなものと見ている。

・「を」使役：
消極的な許容（「積極的に承諾を与えないが、ある物事の発生・進行を妨げるのを控える」という許容）を表す。
・「に」使役：
積極的な許容（「承諾を与えて積極的に許す」という許容）を表す。

そして、上の自説を支持する例として、次のような例を挙げている。

(18)　a．よし、と言って、子供に行かせた。(＝ (13a))
　　　b．？よし、と言って、子供を行かせた。(＝ (13b))
(19)　a．？見て見ぬふりをして子供に行かせた。(＝ (14a))
　　　b．見て見ぬふりをして子供を行かせた。(＝ (14b))

柴谷 (1978) の論によれば、(18) では、「よし、と言って」積極的に許容しているのだから、「に」使役 ((18a)) が自然であり、「を」使役 ((18b)) では不自然である、ということである。また、(19) の場合は、「見て見ぬふりをして」という表現から分かるように消極的に許容しているため、「を」使役 ((19b)) が自然であり、「に」使役 ((19a)) では不自然な文となる、というのが柴谷 (1978) の見方である。

しかし、(18b) (19a) を不自然な表現であるとする柴谷 (1978) の判断には疑問がある。本書筆者には、(18b) (19a) も自然な文であると感じられる。

また、次例を見られたい。

(20)　(作太郎は) お前をお嫁にすることとばかり思って、ああやって働いているんだから、あれに働かしておいて[注7]、島ちゃんが商売をやるようにすれば、鬼に金棒というものじゃないか。
　　　　　　　　　　　　　　　(あらくれ) [早津〈1995：169〉より]

この (20) の「あれに働かしておいて」は、「に」使役であるから、柴谷 (1978) の論に従うと「積極的な許容」を表すということになる。しかし、実際には、上の例は《作太郎が働くのを、そのままにしておいて》という「消極的な許容」を表すものと見られる。

2.2. 「を」使役と「に」使役との意味的差異を積極的には認めない研究

　前節（2.1節）で概観したような、「を」使役と「に」使役の相違に注目する研究に対して、両者間の意味的な差異を認めることに積極的でない研究もある。以下では、後者の立場をとる早津（1999）の論を見、その問題点を指摘する。

2.2.1 早津（1999）

　早津（1999）は、国立国語研究所（1964）・早津（1995）等の調査結果を踏まえ、次のように言う[注8]。

　　ヲ使役となるかニ使役となるかは元の動詞が自動詞であるか他動詞であるかに大きく関わっているようであり、ヲ使役であるかニ使役であるかが"使役"の意味的な違いの表現を担っているとはいいがたい。(p. 38)

　　使役表現に関していろいろな問題があるなかで、ヲ使役とニ使役のことはしばしばかなり大きくとりあげられる。たとえば、文法書や事典類などには、使役の説明のなかでこの問題をとりあげて両者の違いを強く説くものがある。また、外国人に対する日本語教育などにおいても、意味の違いが強調されることが少なからずあるように思う。しかし、前述の調査（竹林注：国立国語研究所［1964］・早津［1995］等）をみると、両者の意味的な差は、仮にあるとしても、使役表現の有する種々な性質のなかでそれほど重要とすべきではないように思われてくる。(p. 40)

2.2.2. 早津（1999）の問題点

　確かに、早津（1999）の言うように、「を」使役と「に」使役とは意味的に相当近い面がある。しかし、次のような例を見ると、「を」使役と「に」使役との間には、やはり意味の違いが感じられる。

　（21）　a. あの母親は、よく、<u>息子を買い物に行かせる</u>。(=（1））

　　　　b．あの母親は、よく、息子に買い物に行かせる。(=(3))
(22)　a．働きたい人を働かせておくことにしよう。
　　　　b．働きたい人に働かせておくことにしよう。

　早津(2004：142)も、「母語話者の素朴な意識としては両者（竹林注：「を」使役と「に」使役）に何らかの違いがありそうに思われるのも確かである」と述べ、「この問題（竹林注：「を」使役・「に」使役の問題）については今後の研究に俟つところが大きいと思われる」としている。
　また、「ヲ使役となるかニ使役となるかは元の動詞が自動詞であるか他動詞であるかに大きく関わっているようであ」るということ（即ち、＜自動詞の場合は「を」使役になることが多く、他動詞の場合は「に」使役になることが多い＞ということ）と、「を」使役と「に」使役との意味的な類似・相違の問題とは、別個の事柄ではなく、相互に繋がりを持つものと考えられる。
　早津(1995)は、

(23)　自分は妹に父の宿屋に電話を掛けさせた。(和解)
　　　　　　　　　　　　　　　　　　　　(早津［1995：147］より)
(24)　もしかしたら、その有頂天さが、彼にそんなよけいな質問を口に出させたのかもしれない。(早津［1995：148］より)

といった例を踏まえ、次のように述べる。

　　いうまでもないことではあるが、他動詞からの使役表現で使役対象がニ格をとるのは、単にその文中での表面上のヲ格の"重複"を避けるためのものでないことは上の諸例からも明らかである。他動詞によって表現される働きかけの性質にかかわる、より意味的な問題であるにちがいないが、本稿では考察できなかった。(p. 148)

この問題については、「を」「に」の本質的意味を理解してこそ的確な説明が可能となる。詳しくは第4節で述べたい。

3．「を」使役・「に」使役と、助詞「を」「に」のスキーマ的意味

前節（第2節）では、「を」使役と「に」使役に関する先行研究を概観し、その問題点を述べた。先行研究の検討を通して、「を」使役と「に」使役との間に見られる類似性・相違性の両面を的確に把握・説明する必要があることが明らかになった。

本節では、助詞「を」「に」のスキーマ的意味（「を」「に」各々の諸用法を貫いて認められる本質的意味）から「を」使役・「に」使役について考察する。以下、まず、本書第Ⅰ部1章・第Ⅱ部1章で論じた「を」「に」のスキーマ的意味を確認し、「を」のスキーマ的意味と「に」のスキーマ的意味との間に存在する共通性を指摘する（3.1節）。次いで、「を」「に」のスキーマ的意味から、「を」使役と「に」使役との類似性・相違性について包括的に説明する（3.2節）。

本節の論を通して、「を」使役と「に」使役についてのみならず、助詞「を」「に」の性質の類似点・相違点をも明らかにしたい。

3.1. 助詞「を」「に」のスキーマ的意味の確認

本書第Ⅰ部1章・第Ⅱ部1章で見たように、「を」「に」のスキーマ的意味は、各々、次のようなものである。

(25)　「を」のスキーマ的意味：
　　　＜移動主体が、その存在していた場を出て、経路を移動し、別の場に至る＞ということを表す。

この、「を」のスキーマ的意味を図示すると、次のようになる。

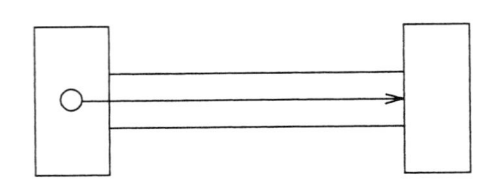

「を」の諸用法は、左の構図を（背景「base」として）共有し、同構図の諸領域を焦点化したものである。

(26) 「に」のスキーマ的意味：
＜移動主体が、一方から他方へと移動し、対象に密着する＞ということを表す。

この、「に」のスキーマ的意味は、次のように図示される[注9]。

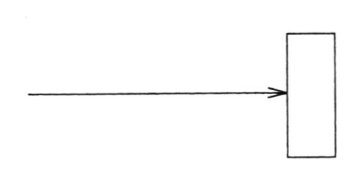

「に」の諸用法は、左の構図を（背景[base]として）共有し、同構図の諸領域を焦点化したものである。

上のように「を」「に」のスキーマ的意味を並べて見ると、「を」「に」のスキーマ的意味は、＜移動主体が一方から他方へと移動し、対象に到達することを表す＞という点で共通性があり、「を」と「に」とは意味的に近い面を持つ、ということが分かる。

「を」のスキーマ的意味と「に」のスキーマ的意味との間に上のような共通性が存在することは、以下で述べるように、「を」使役・「に」使役の問題を考える際に重要なポイントとなる。

3.2.「を」使役と「に」使役の類似性・相違性

「を」の「動作・行為の対象」用法の場合、移動主体は＜エネルギー＞である（cf. 第Ⅰ部1章3.3節）。例えば、

(27) フリーキックで、彼がボールを蹴った。

という文において、「を」（「動作・行為の対象」用法）は、「彼」から「ボー

ル」へと〈物理的エネルギー〉が伝達されたことを表す。
　また、

(28)　彼女は、博識で、いろいろなことを知っている。
(29)　私たちは、イエス・キリストを救い主として信じている。

という文では、「彼女」「私たち」から「いろいろなこと」「イエス・キリスト」への〈知的エネルギー〉((28))・〈心的エネルギー〉((29))の移動が、「動作・行為の対象」用法の「を」によって表されている。
　そして、「彼を行かせる」のような「を」使役の「を」（使役対象に後接する「を」）も、〈エネルギーの伝達（移動）〉を表す。即ち、「を」使役の「を」は、「ボールを蹴る」のような他動詞文の「を」と同様に、「動作・行為の対象」用法として捉えられる。次例を見られたい。

(30)　あの母親は、よく、息子を買い物に行かせる。(＝(21a))
(31)　我々経営者は、働きたい人を働かせておくことにしよう。(cf. (22a))

　(30)(31)において、「を」は、「あの母親」「我々経営者」から「息子」「働きたい人」への〈エネルギー〉（〈或る事態の成立をもたらす〉という、いわば〈使役的エネルギー〉）の伝達を表す。こうした「を」の意味は、「を」使役で使役対象に後接する「を」全般に関して当てはまる（勿論、後に述べるように、〈使役的エネルギー〉の内実や強弱におけるヴァリエーションはある）。
　一方、「に」使役の場合、「に」で表される移動は次の三種に分けられる。

a．エネルギーの移動
b．指示・命令内容の移動
c．視線の移動

次例を見られたい。

- (32) （道長と伊周が、当たり矢の数を競い、いちおう道長が勝ったのだが、道隆はじめまわりの人は試合の延長を決定する。）
いったん勝負のきまったものを、そういう連中が寄ってたかって延長ときめたのは、<u>伊周に勝たせたい</u>というのでなく、仲良く引き分けに持ち込みたい、という道隆の意を支持したのである。(＝(17))
- (33) あの母親は、よく、息子に買い物に行かせる。(＝(21b))
- (34) 君、彼にあんなにつけあがらせておいていいのかい？

(32)の「に」（「伊周に」の「に」）は、上記の用法a（「エネルギーの移動」を表す用法）に該当する。即ち、「伊周に勝たせたい」という表現においては、道隆たち（試合の延長を決めた側）から伊周への、〈支援〉という〈エネルギー〉の移動・伝達を表す。

(33)は、「母親」の指示あるいは命令によって「息子」が買い物に行くということを表す文であるから、「息子に」の「に」は用法b（「指示・命令内容の移動」を表す用法）である。この用法bは、

- (35) 太郎は、（さんざん頼んで）友達にゲームを貸してもらった。
(＝第Ⅱ部2章の例(20a))

のような依頼使役文タイプの受益構文における「に」(cf. 第Ⅱ部1章3節・2章3.2節)と類似する用法である。依頼使役文タイプの受益構文における「に」は、〈依頼内容の移動〉を表すのであった。

また、(34)の「に」（「彼に」の「に」）は用法c（「視線の移動」を表す用法）である。(34)では、「君」の側に立つ言表者（話し手）から「彼」への〈視線の移動〉が、「に」によって表されている。即ち、(34)で表されているのは《「彼があんなにつけあがっている」という状況を認識したままにしておいてよいのか》ということである。この用法cは、〈視線の移動〉を

表すという点で、

(36) 太郎は、隣の家のおじさんに、思わぬ褒め言葉をかけてもらった。
（＝第Ⅱ部 2 章の例 (21a)）

のような非依頼使役文タイプの受益構文の「に」や、

(37) 彼は、昨日、先生に褒められた。

のような受身文の「に」と同様のものである（cf. 第Ⅱ部 1 章 3 節・2 章 3.2 節）。

「よし、と言って、子供に行かせた。」（＝ (13a)）のように、（言葉や身ぶりで）許可を与えて動作主のなすがままにさせたという場合は、用法 b（「指示・命令内容の移動」を表す用法）と用法 c（「視線の移動」を表す用法）の中間に位置付けられる用法である。

さて、「を」使役の「を」と、「に」使役の「に」とを比べると、両者は、いずれも〈エネルギーの移動〉を表す点で共通する（cf. (30)(31)(32)）[注10]。ここに、「を」使役と「に」使役の類似性が見てとれる。

次例を見られたい。

(38) 葉子は大抵の場合、弱い者の味方をしてみるのが常だった。どんな時でも、強いものがその強味を振りかざして弱い者を圧迫するのを見ると葉子はかっとなって、理が非でも弱いものを勝たしてやりたかった。（＝ (16)）
(39) （道長と伊周が、当たり矢の数を競い、いちおう道長が勝ったのだが、道隆はじめまわりの人は試合の延長を決定する。）
いったん勝負のきまったものを、そういう連中が寄ってたかって延長ときめたのは、伊周に勝たせたいというのでなく、仲良く引き分けに持ち込みたい、という道隆の意を支持したのである。（＝ (32)）

(38)の「を」使役と（39)の「に」使役とで、さしたる意味の違いが感じられないのは、(38)(39)において使役対象に後接する「を」「に」が、いずれも、「弱いもの」「伊周」への〈支援〉という在り方で〈エネルギーの移動〉を表していることによる。

　但し、「を」使役の「を」が、〈エネルギーの移動（伝達）〉を表すことを本質とする（即ち、全ての「を」使役の「を」が〈エネルギーの移動〉を表す）のに対して、「に」使役における「に」の用法 a は、この用法 a の場合に限り〈エネルギーの移動〉を表す（即ち、用法 b・c［「指示・命令内容の移動」用法・「視線の移動」用法］では〈エネルギーの移動〉を表さない）。よって、「に」使役の「に」一般にとって、〈エネルギーの移動〉を表すことは本質的な働きではないと言える。このことから、「に」使役（の「に」）が〈エネルギーの移動〉を表す場合、「を」使役と極めて近い意味を表すものの、両者の意味に若干の違いが存在することになる。この「若干の違い」とは、使役主体が使役対象に関与する度合い、影響を与える程度の強弱における僅かな差である。即ち、「を」使役のほうが「に」使役より、使役者の、使役対象に対する関与度・影響度が若干強い。先の「を」使役の例（15)(16)において、「何としてでもあの人を勝たせましょうね」((15))・「理が非でも弱いものを勝たしてやりたかった」((16))という表現が用いられているのは象徴的である。

　「に」使役における「に」の用法 b・c の場合、「を」使役との意味的な差異は、「に」の用法 a の場合に比べて大きくなる。「を」使役と「に」使役の相違に注目する研究（Kuroda［1965]・柴谷［1978］等）が取り上げてきたのも、これら用法 b・c の場合の例である。

　勿論、「を」使役においても、指示・命令によって「～（さ）せる」という場合（e.g.「［上司が指示して］彼を行かせる」）があり、「許容・放置・放任」を表す場合（e.g.「子供たちを自由に遊ばせておく」）もある。しかし、いずれの場合においても、「を」使役の「を」は〈エネルギーの伝達（移動)〉を表すため、「に」の用法 b・c との意味的な違いが生ずることとなる。

次例を見られたい。

(40) a. あの母親は、よく、息子を買い物に行かせる。(=(21a))
　　 b. あの母親は、よく、息子に買い物に行かせる。(=(21b))
(41) a. その父親は、子どもたちを自由に遊ばせておいた。
　　 b. その父親は、子どもたちに自由に遊ばせておいた。

上の(40)(41)を見ると、「を」使役((40a)(41a))のほうが「に」使役((40b)(41b))より、使役主体(「あの母親」「その父親」)の、使役対象(「息子」「子どもたち」)に対する関与・影響の程度(即ち、コントロール度)が強いと言える。この点を注目・強調したのがKuroda (1965)・柴谷(1978)等の研究なのであった(但し、Kuroda [1965] や柴谷 [1978] は、「に」使役における「に」の用法aと「を」使役の「を」との共通性・類似性を見逃しているため不十分な論となっているのであった。また、「許容使役」に関する柴谷 [1978] の見方も妥当でないと考えられる[本章2.1.3節])。

それでは、次のような言語現象は、どのように説明すればよいであろうか。

(42) 太郎は次郎　を／*に　びっくりさせた。(=(12b))

(42)のような例について、柴谷(1978：312)は次のように言う(cf. 本章2.1.2節)。

> 被使役者が意志的に引き起こせない状況を表わす使役文は「を」使役でなければならないという理由は、「に」使役文は使役者が被使役者の意志にうったえる状況を表わすが、「を」使役文は被使役者の意志に関係なく、使役者が自ら手を下してある状態を引き起こす状況を表わし得るという点にある。

即ち、柴谷 (1978) は、「補文の主語（竹林注：使役対象）が意志的な動作の動作主として働いているかどうか」(p. 310) によって「に」使用の可否が決まる（使役対象が意志的動作の主体である場合のみ、「に」使役の表現が許される）と考えている。

しかし、次例を見られたい。

(43)　今度の選挙では、いやいや立候補して、勝とうという気持ちの全くない彼に勝たせてみたい。

この例で、「彼」は「意志的な動作の動作主」であるとは言い難い。にもかかわらず、(43) では「に」使役の表現が可能である。

よって、(42) に関しても、＜「に」が使用できないのは、「次郎」が意志的動作の主体でないからである＞という説明は正鵠を射ていないと言える。

(42) で「に」が使えないという現象は、先に述べた、「に」使役における「に」の三用法のうち、用法 a（「エネルギーの移動」を表す用法）に関係する。用法 b（「指示・命令内容の移動」を表す用法）であれば、「太郎は次郎にびっくりさせた。」という表現は適格となる（「びっくりする」という演技をさせた、というような場合）。「に」の用法 a が〈エネルギーの移動〉を表すのであるなら、(42) において「に」を使用することができてよさそうなものである。にもかかわらず (42) で「に」が使えないのは、なぜであろうか。

その理由は、「(さ) せる」に前接する動詞が自動詞の場合、「に」の用法 a で〈エネルギーの移動〉を表すのは〈支援〉を表現する場合に限られるからだと考えられる。(42) は、《太郎は、次郎がびっくりするのを支援した》という意味の表現とは解し得ない。よって、「に」を使用することができない。一方、(43) は、「いやいや立候補して、勝とうという気持ちの全くない彼」が今度の選挙で勝つように、（心的あるいは物理的に）支援する、という表現として成り立つ。

(44) 私たちは、いろいろと工夫をして、スランプで落ち込んでいる息子に立ち直らせました。

　この例でも、「息子に」の「に」（用法 a）は、《スランプで落ち込んでいる息子が（自分で）立ち直るように支援した》という意を表す。(44) の表現を「を」使役に変えると（即ち、「息子を立ち直らせました」という表現にすると）、《息子が（自分で）立ち直るように支援した》という意味合いが弱くなる。
　但し、「に」の用法 a が〈支援〉を表す働きに限られるというのは、「（さ）せる」に前接する動詞が自動詞の場合（自動詞使役の場合）であり、他動詞使役に関しては当てはまらない。
　次例を見られたい。

(45) 彼は息子に無理やりテレビゲームをやめさせた。（テレビの電源を切り、ゲーム機の線を抜いて［即ち、「指示・命令」によってではなく力ずくで］テレビゲームをやめさせた、という場合の例）

　この例は、「やめる」という他動詞を用いた使役表現であり、「に」は用法 a（「エネルギーの移動」を表す用法）である。そして、(45) の「に」使役には〈支援〉という意味は全くない。
　それでは、「に」の用法 a において、自動詞使役と他動詞使役とで上のような違いが見られるのは、なぜであろうか。
　他動詞使役においては、次節（第 4 節）で見るように、他動詞の項としての「を」格項目（「動作・行為の対象」）が存在することにより、使役対象を「を」で標示することが困難である。他動詞使役において使役対象が「に」で表されることが多いのは、上のような事情による。よって、先の (45) のように、他動詞使役の表現で使役主体から使役対象へと〈エネルギー〉が伝達されることを表す場合には、その〈エネルギー伝達〉の様々な在り方を「に」の用法 a が一身に担うことになる。

しかし、自動詞使役においては、〈エネルギーの移動・伝達〉を本質とする「動作・行為の対象」用法の「を」で使役対象を表すことができるから、「に」の用法 a の使用範囲は局限される。その局限的用法が〈支援〉を表す働きなのであった。勿論、自動詞使役の表現において、「を」によって〈支援〉を表すこともある（cf. 本章の例（15）（16））。しかし、「を」で表されるのより弱い〈支援〉を表したいという（日本語話者の）心理が、自動詞使役における、「に」（用法 a）による〈支援〉表現を生んだものと考えられる。
　では、次例については、どう考えればよいであろうか。

（46）　彼は、暑いところに卵を置いて、その卵 を／*に 腐らせておいた。

　この自動詞使役の例では、使役対象（「その卵」）を「を」で表すことはできるが、「に」を用いることはできない。これは何故であろうか。
　上の（46）の場合に問題となるのは、（「に」使役における）「に」の用法 c（「視線の移動」を表す用法）の在り方である。「に」の用法 c は、次のような例においては使用可能である。

（47）　君、彼にあんなにつけあがらせておいていいのかい？（＝（34））

「に」の用法 c が、（47）で使用可能なのに対して（46）で使用できないのは、なぜであろうか。
　助詞「に」によって〈視線の移動〉が表されるのは、先に述べたように、「に」使役に限られないのであった。

（48）　太郎は、隣の家のおじさんに、思わぬ褒め言葉をかけてもらった。
　　　　　　　　　　　　　　　　　　　　　　　　　　　　（＝（36））
（49）　彼は、昨日、先生に褒められた。（＝（37））

（48）（49）においても、主部項目「太郎」「彼」の側に立つ言表者（話し手／書き手）から「隣の家のおじさん」「先生」への〈視線の移動〉が「に」によって表されている。即ち、言表者は、主部項目（「太郎」「彼」）に視座（視線の起点）を置き、「隣の家のおじさん」「先生」を対者（「与益者」[（48）]・「動作主」[（49）]）として設定している（cf. 第Ⅱ部1章3節・2章3.2節）。そして、こうした〈視線の移動〉の構図に合致しない次例のような場合には、「に」を用いることができないのであった。

（50）　＊枯葉に落ちてもらった。（＝第Ⅱ部2章の例（11a））

　この（50）が不適格なのは、「枯葉」を、恩恵・益の授受関係における「対者」（〈そこから恩恵・益を受ける相手〉）と見なすことが困難だからである（cf. 第Ⅱ部2章3節）。
　先の（46）「彼は、暑いところに卵を置いて、その卵　を／＊に　腐らせておいた。」で「＊その卵に腐らせておいた」という表現が不適格であるのも、「その卵」が、主部項目（「彼」）に視座を置く言表者によって「対者」（即ち、〈或る動作・行為をさせる［許容・放置・放任する］相手〉）として認定される要素とは見なされ難いことによる。「に」の用法ｃが、〈有情者の動作・行為をただ見る／認知する〉という場合（或いは、それに準ずる場合［e. g.「私は、滝に頭を打たせて、精神統一をはかった。」］）に用いられるのは、上のように、助詞「に」による〈視線の移動〉表現の在り方から説明されるのであった。

3.3.「を」使役・「に」使役と「無助詞」使役

　上では、使役対象に「を」「に」が後接する場合について考察した。しかし、使役対象が言語形式化される場合、その使役対象は「を」「に」（或いは「から」）のような助詞を伴うとは限らない[注11]。
　無助詞形式の機能について論ずる加藤（2003：第5章）では、「使役文の使役の対象をマークするニ格」（p. 359）が「無助詞化」できるか否かとい

うことについての議論の中で、「《ゼロ助詞》を使っているように見える例もある」（p. 359）として次例を挙げる。

(51) （学園祭の説明会にサークル代表として誰を派遣するか話している。「誰φ行かせる？」という問いかけに、一人が答える）
小山φ行かせようか（加藤［2003：359］より）

しかし、加藤（2003：359-360）は、この例について「無助詞の部分に格助詞を補うとすれば、「小山に行かせようか」ではなく「小山を行かせようか」である可能性もあり、これが使役文のニ格としての《ゼロ助詞》である証拠にはならない」と述べている。

上の（51）のように使役対象が無助詞形式で提示される、いわば「無助詞」使役について、「を」使役・「に」使役との関係をどのように考えればよいであろうか。

<u>「本来格助詞などの助詞があるべきところに助詞を欠くものを一括して《ゼロ助詞》と呼ぶ」</u>（加藤2003：331。下線、竹林）という立場に立てば、上の加藤（2003）の論のように、或る「無助詞」使役の表現において、その無助詞の部分に本来あるべき助詞は「を」なのか「に」なのかという議論になる。

しかし、前章（第Ⅲ部１章）で述べたように、無助詞形式について「本来格助詞などの助詞があるべきところに助詞を欠くもの」として捉えるのは妥当でない（cf. 竹林2004a：第Ⅱ部３章・６章）。無助詞形式は、或る助詞が省略された結果ではなく、もとから無助詞の表現としてある。

そして、無助詞形式のスキーマ的機能は、＜或る要素を言語表現の場に単純・無色透明に提示する＞という「単純提示機能」である（cf. 前章3.2節、竹林2004a：第Ⅱ部６章）。

「誰φ行かせる？」「小山φ行かせようか」のような「無助詞」使役は、或る要素（上の例では「誰」「小山」）を使役対象として提示するのみの無標的表現である。

(52) (サークルの会合。「次のオリエンテーション、誰が挨拶するの？」
     という質問に、一人が答える)
     小西｛に／*φ｝挨拶させようよ（加藤［2003：359］より）

という例において無助詞形式が使用できないのは、(52)が、「小西」を表現心理上の焦点項目として、「（他ならぬ）小西に挨拶させようよ」と述べる有標的表現だからである（cf. 本書第Ⅲ部1章）。

また、次例を見られたい。

(53) a. 花子は、旦那さんに液晶テレビを買わせたんだって。
     b. *花子は、旦那さん φ 液晶テレビを買わせたんだって。

(53b)で無助詞形式を使うことができないのは、無助詞形式で表現すると、《花子は、旦那さんが（花子に）液晶テレビを買わせたんだって》という意味に解釈されかねないからである（cf. 本書第Ⅲ部1章）。

前章（第Ⅲ部1章）において、次のような「非言語形式化の原理」を提示した。

> 或る事柄（複数の項目間の関係も含む）がコンテクスト（文脈・場面）から把握可能だと言表者によって判断される場合には、当該事項は言語形式化されないのが常態である。

この原理は、上で見たように、「を」使役・「に」使役と「無助詞」使役に関しても当てはまるのであった。

先の(51)の場合、

(54) 誰に／を行かせる？
(55) 小山に／を行かせようか。

と「に」「を」を用いると、「誰 φ 行かせる？」「小山 φ 行かせようか」という「無助詞」使役に比べて、使役対象（「誰」）への高い関心を表したり、使役対象として或る人物（「小山」）を特に指定したりする表現となる。

4．「（さ）せる」に前接する動詞の自他をめぐって：「を」「に」のスキーマ的意味との関連で

既に述べたように（本章第1節・2.2.2節）、＜「（さ）せる」に前接する動詞が自動詞の場合は「を」使役になることが多く、他動詞の場合は「に」使役になることが多い＞ということが従来から指摘されている。本節では、この、「（さ）せる」に前接する動詞の自他の問題について、前節（第3節）で考察した、「を」使役・「に」使役間の意味的な類似性・相違性と関連づけて論ずる。

＜「（さ）せる」に前接する動詞が自動詞の場合は「を」使役になることが多く、他動詞の場合は「に」使役になることが多い＞という現象について、本章（第1節）では次のように述べた。

> この現象は、他動詞であれば、使役対象のほかに「動作・行為の対象」が（言語形式化されているか否かはともかく）存在するから使役対象は「に」格項目となることが多く、自動詞であれば、使役対象と別に「動作・行為の対象」が存在しないため、「使役」行為のエネルギー伝達対象として使役対象が「を」格項目になることが多い、ということであると考えられる。

それでは、次のような例について、どのように考えればよいであろうか。

(56)　自分は妹に父の宿屋に電話を掛けさせた。（＝(23)）
(57)　*私は、娘を本を読ませた。

(56)の文には、他動詞「掛ける」の項として、「電話」という「を」格項

目のほかに「父の宿屋」という「に」格項目が存在する。この「に」格項目（「父の宿屋」）があるにもかかわらず、(56)では使役対象（「妹」）を「に」格で標示することが可能である。そうであるなら、(57)において、他動詞「読む」の項として「本」という「を」格項目が存在していても、使役対象として「娘」を「を」格で標示できてよさそうなものである。しかし、実際には、(57)の文は不適格である。これは何故であろうか注12。

(57)において、「本を」の「を」が「動作・行為の対象」用法であることは言うまでもない。また、使役対象に後接する「を」も「動作・行為の対象」用法なのであった（cf. 本章3.2節）。「動作・行為の対象」用法は、次の構図（「を」のスキーマ的意味）の全体を焦点化する（cf. 第Ⅰ部1章3.3節）。

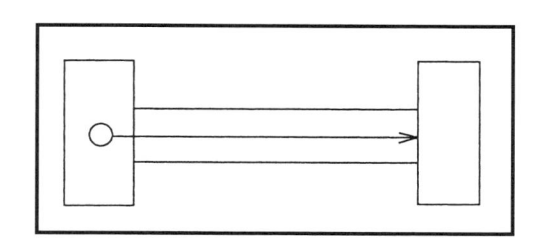

(57)の表現を例にして言うと、次のような二つの構図が重ね合わされることになる。

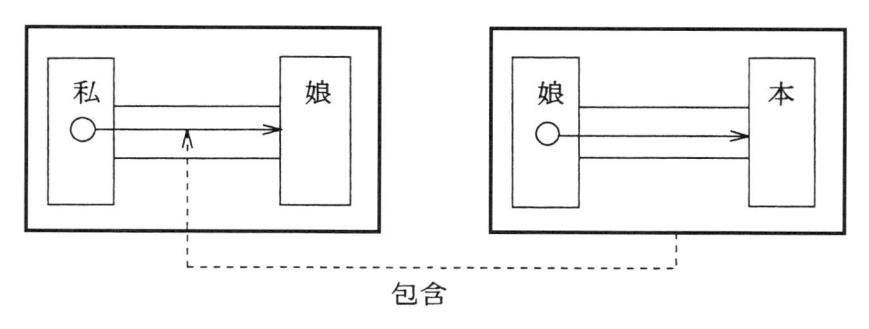

「私は、娘を～せた」の構図（構図1） 　　「（娘が）本を読む」の構図（構図2）

即ち、《私は娘に対して、（娘が）或る動作・行為を行うように使役的エネルギーを伝達させた》という意味内容（構図1）における〈或る動作・行為〉の部分が《（娘が）本を読む》こと（構図2）である。構図1の一部に構図2が埋め込まれる、上のような在り方は、かなり複雑である。この複雑さの故に（57）では使役対象を「を」で表すことができないのだ、と考えられる。表現内容の複雑さが「を」の複数回使用を困難にしているという点では、「二重対格対象語制約」の存在理由と共通する（cf. 第Ⅰ部4章1節）。

一方、(56)「自分は妹に父の宿屋に電話を掛けさせた。」という「に」格の重複においては、次の二つの構図の重ね合わせとなる（「に」のスキーマ的意味については、第Ⅱ部1章、本章3.1節を参照）。

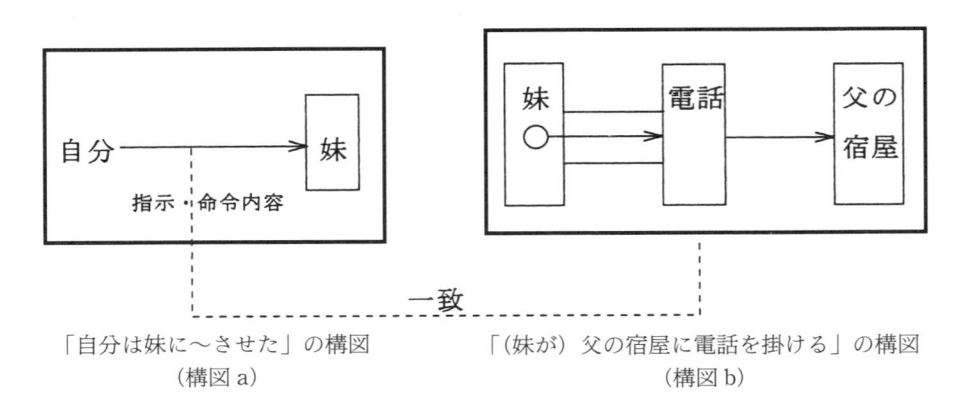

「自分は妹に〜させた」の構図　　　「（妹が）父の宿屋に電話を掛ける」の構図
　　　　（構図a）　　　　　　　　　　　　　（構図b）

上の構図aは、使役主体「自分」から使役対象「妹」への〈指示・命令内容の移動〉を表す。また、構図bは、《「妹」が「電話」に対して働きかけ、「電話」が「父の宿屋」に到達するようにする》ということを表す。そして、構図aにおける移動主体「指示・命令内容」が構図bである。この、(56)における構図a・構図bの重ね合わせは、先の(57)における構図1・構図2の重ね合わせより複雑さの程度が低い（即ち、より単純である）。
　次例を見られたい。

(58)　a．*私は、彼を勉強をさせた。

b．私は、彼を勉強させた。
　　　c．私は、彼を、勉強をするようにさせた。

　先の（57）「＊私は、娘を本を読ませた。」と同様に不適格な（58a）に対して、「勉強させた」という、「を」のない形（即ち、「勉強する」という一語の使役形＋た）を用いる（58b）や、複文で表現する（58c）は適格である（或いは、適格性が上がる）。これら（58）a～cから分かるように、<u>単文で</u>「動作・行為の対象」用法の「を」を複数回用いることは、その表現内容の複雑さの故に回避される。「彼を勉強をさせた」（(58a)）と「彼を勉強させた」（(58b)）との間の違いは、表面上は、二つ目の「を」の有無のみである。しかし、この違いは、文表現の適格性を左右する大きな相違なのであった。

5．おわりに

　以上、本章では、「彼を行かせる」のような「を」使役と、「彼に行かせる」のような「に」使役について、助詞「を」「に」のスキーマ的意味から考察し、「を」使役と「に」使役との間の類似性・相違性に包括的な説明を与えた。また、「を」使役・「に」使役についての考察を通して、助詞「を」「に」間の、性質の類似点・相違点を明確にした。
　本章の主な内容をまとめると、次のようになる。

① 「を」のスキーマ的意味と「に」のスキーマ的意味との間には、＜移動主体が一方から他方へと移動し、対象に到達することを表す＞という共通点がある。
② 「を」使役の「を」（使役対象に後接する「を」）は、「ボールを蹴る」のような他動詞文の「を」と同様に、＜エネルギーの移動＞を表す。即ち、「を」使役の「を」は、「動作・行為の対象」用法として捉えられる。
③ 「に」使役において、「に」（使役対象に後接する「に」）で表される移

動は次の三種に分けられる。

  a．エネルギーの移動（e. g.「選挙で彼に勝たせる」）
  b．指示・命令内容の移動（e. g.「今回の出張は彼に行かせる」）
  c．視線の移動（e. g.「子どもたちに自由に遊ばせておく」）

④ 「を」使役の「を」と、「に」使役の「に」とは、いずれも〈エネルギーの移動〉を表す点で共通する。ここに、「を」使役と「に」使役の類似性が見てとれる。ただ、「を」使役の「を」が、〈エネルギーの移動〉を表すことを本質とする（即ち、全ての「を」使役の「を」が〈エネルギーの移動〉を表す）のに対して、「に」使役における「に」の場合は、上記（③）の用法 a に限り〈エネルギーの移動〉を表す。即ち、用法 b・c では〈エネルギーの移動〉を表さない。よって、「に」使役における「に」の用法 b・c の場合、「を」使役（「今回の出張は彼を行かせる」「子どもたちを自由に遊ばせておく」等）との意味的な差異は、「に」の用法 a の場合に比べて大きくなる。

 従来、「を」使役と「に」使役に関する先行研究において、助詞「を」「に」のスキーマ的意味から「を」使役・「に」使役について考察されることはなかった。「を」「に」のスキーマ的意味から「を」使役・「に」使役を分析するという本章のアプローチは画期的な方法であると言える。この方法をとったことにより、「を」使役と「に」使役との間の類似性・相違性の内実や、「を」使役と「に」使役とが類似性・相違性の両面を持つ理由を根本から解明した。

 本章の論から分かるのは、考察対象を、その本質から考えることの必要性である。「を」使役・「に」使役について考察するのであれば、助詞「を」「に」の意味・用法についての本格的な研究が必要である。「助詞「を」「に」の意味・用法についての本格的な研究」とは、本書第Ⅰ部・第Ⅱ部で論じたように、「を」「に」の諸用法を貫いて認められる各々の助詞の本質的意味

（スキーマ的意味）を明らかにし、「を」「に」の本質的意味を踏まえて、それぞれの助詞の諸用法の在り方を把握することである。そうしてこそ、「を」使役・「に」使役について的確に理解できる。

先に述べたように、「を」使役・「に」使役に関する従来の研究には、「を」「に」の本質的意味と諸用法の在り方を精確に捉えた上で「を」使役・「に」使役について考察したものが見られないのみならず、「を」使役・「に」使役を、その本質から——即ち、「を」「に」の意味・用法の十分な把握から——考えようとする視点・研究方法自体が欠如していた。

早津（1999）は、「を」使役・「に」使役に関する先行研究を網羅的に取り上げて分類・整理し、それら先行研究の問題点を的確に指摘している有益な文献である。この早津（1999）の4.3節（pp. 38-40）に「残された問題と今後の課題」が述べられている。しかし、「を」使役・「に」使役についての研究の在り方を考える箇所でありながら、同節では（また、他の箇所においても）助詞「を」「に」自体の意味・用法を考察する必要性に言及されていない。このことが早津（1999）の論の大きな問題点である。

考察対象について、その本質から考えることの必要性は、勿論、「を」使役・「に」使役の研究のみに当てはまることではない。主語（subject）や述語の問題を考察するには、文の本質的機能についての研究が不可欠であり（竹林2004a：第Ⅰ部）、助詞「は」の主題提示用法について的確に理解するためには、「は」の対比用法・反復用法（e. g.「寄せては返す波」）・「東京は神田の生まれだ」型表現における用法等、主題提示用法を含めた「は」の諸用法を包括的に考察し、「は」のスキーマ的機能を明らかにする必要がある（竹林2004a：第Ⅱ部1章）。また、物事の本質から考えることの必要性は、言語研究以外の諸事一般に当てはまるであろう。本章は、「を」使役・「に」使役についての考察を通して、物事の本質から考えるという考え方・見方の必要性・有効性を示している。

また、本章の考察を通して強調したいのは、（上述の＜物事の本質から考える＞ということと繋がるが）徹底的に「なぜ」と問う姿勢の重要性である。＜「(さ)せる」に前接する動詞が自動詞の場合は「を」使役になること

が多く、他動詞の場合は「に」使役になることが多い＞のは何故か、「を」使役と「に」使役とが類似する面と相違する面を持つのは何故か、使役対象が助詞「を」「に」で表されるのは何故か、というように、現象の根元・成立背景を徹底的に問うことにより、多くのことが見えてき、当該現象についての理解も深まる（cf. 本書「序論」2.1節）。「文法現象についてあるものをあると言ってすますのではない姿勢、「なぜ」を問う文法論を模索する姿勢」（尾上2004：iv）が大切である。

先の＜物事の本質から考えることの必要性＞と同様に、＜徹底的に「なぜ」と問う姿勢の重要性＞も、言語研究に限らず、万事に当てはまることであろう。

具体的な言語現象の研究を通して、物事に対する見方・考え方・姿勢について学ぶことができるのであった（cf. 本書「あとがき」）。

結語

1．本書のまとめ

本書では、助詞「を」「に」の本質的（スキーマ的）意味について考察し、その本質的意味の把握に基づき、「を」「に」の用いられている諸構文（諸表現）の在り方を分析した。以下、本書の論の要点をまとめておく。

1.1.「を」について

本書の第Ⅰ部では「を」について考察した。

「を」には、「起点」用法（e. g.「家を出る」）・「経路」用法（e. g.「道を歩く」）・「動作・行為の対象」用法（e. g.「ボールを蹴る」）といった諸用法がある。本書では、これら諸用法の背景に、次の図1のようなスキーマ的構図が存在することを明らかにした。

即ち、＜移動主体が、その存在していた場を出て、経路を移動し、別の場に至る＞という図式である。

「を」の諸用法は、上の図式をベース（base）として共有し、このベースのどの領域を焦点化（profile）するかという点で異なるのであった。

図2のように＜移動主体が、その存在していた場を出る＞と

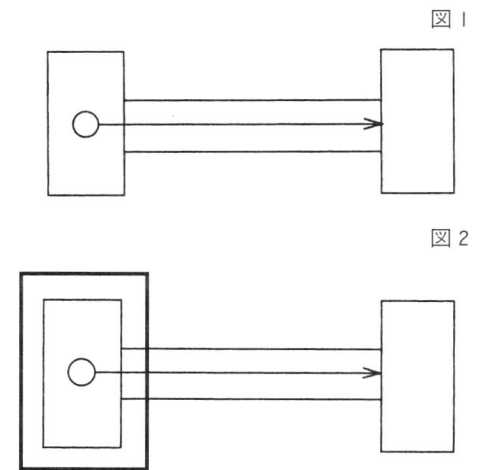

図１

図２

図3

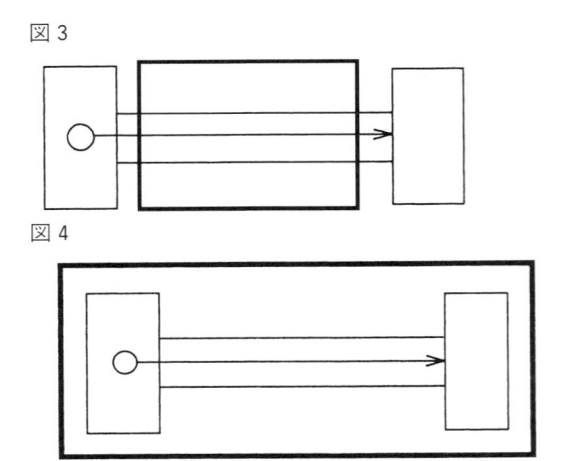

図4

いう側面を焦点化するのが「起点」用法であり、図3のように＜移動主体が経路を移動する＞という部分を焦点化するのが「経路」用法である。そして、図4のように、ベースとなる構図全体をハイライトするのが「動作・行為の対象」用法である。この用法の場合、「移動主体」は＜エネルギー＞であり、その＜エネルギー＞が、「存在していた場」（エネルギーの所有者）を出て、経路を移動し、他の人や物に至る、というのが「動作・行為の対象」用法の内実であると言える。

　「を」の本質的意味（スキーマ的意味）、そして諸用法の在り方を以上のように捉えることにより、諸々の言語現象に十分な説明を与えることが可能となる。

　例えば、「起点」用法に関して言うと、「移動経路」の含意が「起点」用法の適格性に影響を与えることを述べた（第Ⅰ部2章）。「を」の「起点」用法について、＜意志的にコントロールされない移動の場合は、［起点］は対格で標示できない＞とする論（三宅1996b）、或いは、その見方を支持する立場（岸本2005）がある。しかし、「煙が煙突を出て、大気中を漂っている。」のように、意志的にコントロールされない移動を表す動詞が使える場合もある[注1]。「起点」用法にとって重要なのは、移動主体が場を出た後の「移動経路」の存在が言語表現から読み取れるかということである。「移動経路」の存否が「起点」用法の適格性を左右するのは、左の構図に見てと

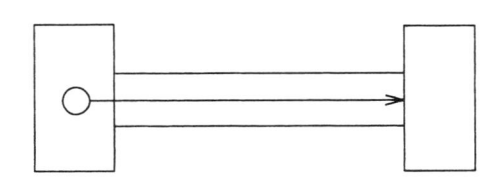

れる通り、＜移動主体が、その存在していた場を出た後に移動する経路＞を、「起点」用法が背景に有しているからである。

また、本書では、「穴を掘る」「湯を沸かす」のようなタイプの表現――「穴を掘る」型表現――について考察した（第Ⅰ部3章）。そして、「穴を掘る」型表現は、＜未存在のものを存在せしめる＞という意味を有し、同表現の「を」は「動作・行為の対象」用法として捉えられることを述べた。また、同表現の成立（意味理解）において、「掘る」「沸かす」といった状態変化他動詞を、＜或る特定の仕方で（未存在のものを）存在せしめる＞意の作成動詞として解釈するというプロセスが介在することを見た。

そして、第Ⅰ部の最後に、「太郎は次郎を、頭を叩いた。」のような所謂「目的語所有者上昇構文」（「二重ヲ格構文」の一種）について考察した（第5章）。そこでは、まず、「動作・行為の対象」用法の「を」が単文中で複数回使用され難い理由――二重対格対象語制約が存在する理由――を述べた後、同制約に反するように見える「目的語所有者上昇構文」の性質を分析した。その結果、同構文が＜対象詳細化表現＞（第一目的語で提示された「動作・行為の対象」を、より詳細に第二目的語で表す表現）であり、同構文に次の二つの成立条件があることを明らかにした。

　　成立条件1：第二目的語なしでも表現として成立し得ること
　　成立条件2：第二目的語が第一目的語を詳細化したものであること

1.2.「に」について

本書第Ⅱ部では「に」について論じた。

まず、第1章では、「に」の本質的（スキーマ的）意味について考察した。そして、「に」の本質的意味は、次に図示するように、＜移動主体が、一方から他方へと移動し、対象に密着する＞という構図であり、「に」の諸用法（「移動の方向」用法・「移動の到達点」用法・「存在の場所」用法、等々）は、この構図の諸領域を焦点化したものであるとした。

国広（1986）は、「太郎は先生に褒められた。」のような、受身文における

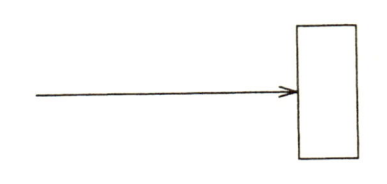

動作主標示用法の「に」、ならびに、受益構文における「に」を、左の構図に当てはまらないものとしている。しかし、これらの「に」に関しても、被影響者・受益者の側に立つ言表者から動作主・与益者への〈視線の移動〉として捉えられ、例外として扱う必要はないのであった。また、「動作主」用法の「に」について、被影響者の側に立つ言表者から動作主への〈視線の移動〉を表すものとして把握することにより、「に」受身文と他の受身文（「から」受身文・「によって」受身文）との性質上の相違についても、用法の違いに関する表面的な記述ではない、根本からの説明が可能になることを述べた。

「に」を用いた構文には、「に」受身文のほかにも、

（１）　太郎は、幼い頃、母親に沢山の本を読んでもらった。

のような受益構文（「～にＶてもらう」構文）や、

（２）　彼は息子に時計を買ってやった。

のような与益構文がある。これら諸構文の性質や使用条件を明らかにし、そうした性質・使用条件が存在する理由を的確に説明するためには、助詞「に」の本質的意味（スキーマ的意味）を把握しておく必要がある。

第Ⅱ部２章では、受益構文について考察し、同構文に非対格動詞は用いられないとする説（影山1996）が妥当でないことを述べた。受益構文には、

（３）　（ゲームをしながら）今日は君に負けてもらうよ。

のように非対格動詞を用いることもできる。この第２章では、受益構文の適格性を左右する条件は次のようなものであることを明らかにした。

<u>受益構文の使用条件</u>：
「に」格項目の動作・行為・変化が主部項目に恩恵・益をもたらす（と言表者によって見なされる）ものであり、かつ、「に」格項目が、そうした恩恵・益を主部項目にもたらす相手であると（言表者によって）見なされれば、受益構文を用いることができる。

　上の使用条件が存在する理由は、第Ⅱ部１章で見たような、「に」の本質的意味を押さえてこそ説明可能なのであった。
　また、

（４）　彼は息子に時計を買ってやった。（＝（２））

のような与益構文に関しても、同構文における「に」格名詞句の使用条件や、その使用条件の背景を的確に捉えるためには、助詞「に」の働きに目を留める必要がある、ということを述べた（第Ⅱ部３章）。同構文については、＜与益構文において「に」格名詞句の使用が許されるのは、与益補助動詞（「やる」「あげる」「くれる」等）に前接する動詞が典型的には作成動詞の場合である。与益補助動詞が作成動詞以外の動詞に続く場合、「に」格名詞句は使用できない＞とする見方がある（三宅1996a）。しかし、この説は、上の（４）のような文が成り立つことから、適切な見方ではないことが分かる（（４）では、与益補助動詞「やる」は非作成動詞「買う」に後接しているが、「に」格名詞句［「息子に」］の使用が可能である）。
　本章では、日本語の与益構文において「に」格名詞句の使用が可能か否かは、助詞「に」と動詞句との意味的呼応関係の在り方によって決まるものであり、与益補助動詞の影響によるのではないことを明らかにした。そして、「に」を「着点」のマーカー（「着点」標示の形式）などとして処理せずに、＜移動主体が、一方から他方へと移動し、対象に密着する＞ということを表す、れっきとした語義を有する言語形式として認識することの重要性を示した。

第II部4章では、受益構文・与益構文についての、上記（第2章・第3章）の議論に基づき、両構文間に見られる非対称性について述べた。従来、受益構文と与益構文とは、受益者の項と与益者の項の位置に関して対称的な関係にあるとされてきた（鈴木［1972］等）。即ち、受益構文では受益者が主部、与益者が「に」格に立つのに対して、与益構文では与益者が主部、受益者が「に」格に立つ、という了解である。しかし、実は、与益構文の「に」格項目は、本質的には受益者とは言えないのであった。この事実は、＜言語表現においては 'GOAL'（到達点）のほうが 'SOURCE'（起点）よりも重要性が高い＞とする Ikegami (1987) の所説（'goal-over-source principle'）への反例となる。受益構文と与益構文の非対称性は、少なくとも恩恵・益の授受を表す構文においては、'GOAL'（恩恵・益の到達点［即ち受益者］）が 'SOURCE'（恩恵・益の起点［与益者］）よりも重要なのではなく、'SOURCE'（与益者）のほうが 'GOAL'（受益者）よりも重要であると捉えられていることを示唆している。

1.3.「を」と「に」について

　第III部では、「を」と「に」の接点となる構文・表現において、両者を対照し、「を」と「に」の類似点・相違点を明らかにした。
　まず、第1章では、「御飯 φ 食べようよ。」「どこ φ 行くんですか？」のような、「を」「に」の所謂「省略」現象について、無助詞形式の機能や「が」の「省略」と関連させながら考察した。そして、次のことを述べた。

① 「を」「に」の「省略」が可能な場合、「を」「に」を使用する表現は有標的（marked）であり、無助詞形式の表現は無標的（unmarked）である。「を」「に」と無助詞形式との間に「有標―無標」という相違があるのは、「省略」現象一般に当てはまる次の原理が存在することによる。

<u>非言語形式化の原理</u>：
　或る事柄（複数の項目間の関係も含む）がコンテクスト（文脈・場

面）から把握可能だと言表者によって判断される場合には、当該事項は言語形式化されないのが常態である。

② 有標的表現の場合には、（音声的強勢が用いられる場合を除いて）表現心理上の焦点項目を承ける「を」「に」は省略されない。また、「に」においては、表現的に有標でなくても、「複数の項目間の関係」を明瞭にする必要性から省略（無助詞形式の使用）が困難な用法がある。一方、「を」においては、有標的表現でない場合、「非言語形式化の原理」による省略制限は緩やかである。「を」と「に」の間に上のような違いが存在するのは、「を」の用法の種類が「に」より少なく、文表現における「複数の項目間の関係」も、「を」のほうが「に」の場合より明瞭だからである。

③ 「を」「に」の「省略」と「が」の「省略」とでは異なる面がある。この相違は、文構成・表現内容構成における、「を」「に」と「が」との働きの違いに起因するものである。

第2章では、「を」使役（e. g.「息子を買い物に行かせる」）と「に」使役（e. g.「息子に買い物に行かせる」）について論じた。

この第2章では、まず、「を」使役・「に」使役に関する先行研究において次の二種の立場があることを見た。

a. 「を」使役と「に」使役とでは表現性がどのように異なるのかを積極的に明らかにしようとする立場
b. 「を」使役と「に」使役との意味的類似性から、両者間に意味上の差異を求めることに積極的でない立場

「を」使役と「に」使役との間には、前者（a）が着目するように、相違する面がある一方で、後者（b）が指摘するような意味的類似性も見られる。本章では、「を」「に」の本質的意味（即ち、スキーマ的意味）から

「を」使役・「に」使役について考察し、両者間の類似性・相違性を包括的に説明した。また、「を」使役・「に」使役をめぐる議論を通して、助詞「を」「に」間の類似点・相違点を明確にした。本章の要点は次の通りである。

① 「を」のスキーマ的意味と「に」のスキーマ的意味との間には、〈移動主体が一方から他方へと移動し、対象に到達することを表す〉という共通点がある。

② 「を」使役の「を」（使役対象に後接する「を」）は、「ボールを蹴る」のような他動詞文の「を」と同様に、〈エネルギーの移動〉を表す。即ち、「を」使役の「を」は、「動作・行為の対象」用法として捉えられる。

③ 「に」使役において、「に」（使役対象に後接する「に」）で表される移動は次の三種に分けられる。

  a．エネルギーの移動（e. g.「選挙で彼に勝たせる」）
  b．指示・命令内容の移動（e. g.「今回の出張は彼に行かせる」）
  c．視線の移動（e. g.「子どもたちに自由に遊ばせておく」）

④ 「を」使役の「を」と、「に」使役の「に」とは、いずれも〈エネルギーの移動〉を表す点で共通する。ここに、「を」使役と「に」使役の類似性が見てとれる。ただ、「を」使役の「を」が、〈エネルギーの移動〉を表すことを本質とする（即ち、全ての「を」使役の「を」が〈エネルギーの移動〉を表す）のに対して、「に」使役における「に」の場合は、上記（③）の用法 a に限り〈エネルギーの移動〉を表す。即ち、用法 b・c では〈エネルギーの移動〉を表さない。よって、「に」使役における「に」の用法 b・c の場合、「を」使役（「今回の出張は彼を行かせる」「子どもたちを自由に遊ばせておく」等）との意味的な差異は、「に」の用法 a の場合に比べて大きくなる。

また、本章では、＜考察対象について、その本質から考えることの必要性＞＜徹底的に「なぜ」と問う姿勢の重要性＞を強調した。

1.4．本書全体で強調したこと

本書全体を通して強調したのは、おもに次の二点である。

- α．「を」「に」には意味を相当異にする様々な用法が存在するが、「を」「に」各々において、それら諸用法は、「ベース」と「プロファイル」の観点から統一的に（即ち、schematic に）そして相互関連的に把握可能である、ということ。
- β．「を」「に」の本質的意味（スキーマ的意味）を十分に理解してこそ、「を」「に」を用いる諸構文（諸表現）について精確に捉えることができる、ということ。

表面的には互いに異なる諸様相の背後・根底に存在する或る一つの本質を見極めること（上記 α）は、言語研究に限らず重要なことである。また、小さなものを大切にすることで、より大きなものが得られるということ（上記 β）も、言語研究のみならず物事全般に当てはまる。

2．本書の意義

本書の意義には、言語研究における意義と、言語研究を超えたレベルにおける意義がある。後者（言語研究を超えたレベルの意義）に関しては「あとがき」に譲ることとして、ここでは、言語研究における意義について述べる。

本書の言語学的（或いは日本語学的）意義は、おもに次の諸点である（以下の提示の順序は、意義としての重要度に対応するものではない）。

① 主要な三格（ガ格・ヲ格・ニ格）中の二つの「格」を構成するものと

して、その重要性が認められながら、従来、性質が十分に明らかにされていなかった「を」「に」について、各々の本質的意味（スキーマ的意味）を明確に捉えていること。
② 「を」「に」の本質的意味を的確に把握することにより、「を」「に」の使用されている諸構文（諸表現）について、従来の知見を超える分析・説明を提示していること。
③ 「スキーマ」「ベース」「プロファイル」といった認知言語学的概念や認知言語学的分析法が、言語の意味・文法の研究において有効であることを、現代日本語の考察を通して示していること。

尾上（1984：20）は、「すぐれた研究は新事実の発見とともに理論面での新しい提案を為していることが多い」と述べている。本書でも、「を」「に」と、それらに関連する諸構文（諸表現）について研究するのみならず、その研究を通して、言語研究への理論的貢献もなし得ていると考える。

3．今後の課題：本書からの発展と、今後の研究への本書の貢献

最後に、今後の研究課題として、次の三つのことを述べておきたい（本論で「今後の課題」としたものには言及しないこととする）。

a．古代語「を」「に」の意味・機能と、その史的変化についての研究
b．「を」「に」とコリア語「(r)ul」「e」の対照研究
c．人間の認知様式と言語形式の意味・機能との関連についての研究

以下、これらの研究課題に関して、本書から如何なる研究に展開し得るか、また、そうした今後の研究に本書が如何なる貢献をなし得るのか、ということについて述べることとする。

まず、上記 a（古代語「を」「に」の意味・機能と、その史的変化についての研究）に関しては、今後の研究課題として次のようなことが挙げられ

- 古代語「を」「に」の意味・機能は、如何なるものなのか。現代語「を」「に」が「ベース」として有する構図（即ち、現代語「を」「に」のスキーマ的意味）は、古代語「を」「に」に関しても当てはまるのか。
- 古代語「を」「に」から現代語「を」「に」へと、如何なる史的変化が生じたのか。また、その変化をもたらした要因は何であり、変化の結果、日本語の運用効率は、どのように変わったのか[注2]。

　本書における研究（特に、「を」「に」のスキーマ的意味についての論）は、古代語「を」「に」の意味・機能や、古代語「を」「に」から現代語「を」「に」への史的変化を考察する際の基盤となるものであると考える。
　次に、上記ｂ（「を」「に」とコリア語「(r)ɯl」「e」の対照研究）について述べる。
　日本語「を」「に」は、コリア語で各々「(r)ɯl」「e」に概ね対応する（「を」―「(r)ɯl」、「に」―「e」）[注3]。
　ここで、次例を見られたい。

（５）　tʃɔ-nɯn medʒu kjo:hwe-rɯl kamnida.
　　　　（《私は、毎週、教会に行きます。》）

　この例を見ると、日本語では「教会に行きます」と「に」を用いるところに「rɯl」が使用されている。しかし、「kjo:hwe-rɯl kamnida」（直訳すれば「教会を行きます」）という、「rɯl」を用いた表現は、単に、教会という場所に行く（或いは、到着する）というのとは異なり、《教会に行って礼拝をします》というような含意を持つ[注4]。この点で、「kjo:hwe-rɯl kamnida」は、助詞「e」を用いた「kjo:hwe-e kamnida」という、単に行き先を表す表現とは相違する。「kjo:hwe-rɯl kamnida」は、表面上は《～に行きます》という意味を表す形をとりながら、　表現の内実は　「(kjo:hwe-esɔ)　jebe-rɯl tɯrimnida」(《[教会で] 礼拝を捧げます》) という「jebe」(礼拝) を直接目的語とするような――「(r)ɯl」の用法という観点から見れば「動作・行為の対象」用法としての――内容を表すものと捉えられる。

（6） hakkjo-<u>rɯl</u> kamnida.（《学校に行きます。》）
（7） pjɔŋwɔn-<u>ɯl</u> kamnida.（《病院に行きます。》）

といった表現も、先の「kjo:hwe-rɯl kamnida」と同様に、各々、「(hakkjo-esɔ) koŋbu-rɯl hamnida」(《[学校で] 勉強をします》)・「(pjɔŋwɔn-esɔ) tɕintɕʰar-ɯl passɯnida」(《[病院で] 診察を受けます》)［或いは、行く主体が、出勤する医者であれば、「(pjɔŋwɔn-esɔ) ir-ɯl hamnida」(《[病院で] 仕事をします》)］というような含意があり、単に学校・病院に行く意を表す「hakkjo-<u>e</u> kamnida.」(《学校に行きます。》)・「pjɔŋwɔn-<u>e</u> kamnida.」(《病院に行きます。》) とは表現性を異にする。

上では、移動表現と「動作・行為の対象」用法をめぐる問題について見たが、「を」「に」と「(r)ɯl」「e」との間には興味深い様々な共通点・相違点がある（cf. 竹林・皇甫2000）。それらの共通点・相違点について考察することにより、「を」「に」「(r)ɯl」「e」の性質や、日本語母語話者・コリア語母語話者の認知様式（即ち、事態把握の型）が（日本語のみ、コリア語のみを見ている時よりも）一層明らかになると考えられる。本書の研究は、上のような対照研究における（日本語側の）土台となる。

今後の研究課題の三つ目（上記c）は、人間が物事を如何に捉えるかという、人間の認知様式と、言語形式（語のみならず、構文も含む）の意味・機能とが、どのように関連しているのかを探る、ということである。

このことについては、特に認知言語学の領域で多くの知見が積み重ねられ、人間の認知様式が言語形式の意味・機能に深く関与していることが明らかにされている。

よって、問題となるのは、如何なる認知様式が言葉の上にどのように反映されているのか、ということである。

本書では、助詞「を」「に」において、＜或る構図をベースとし、その構図の諸領域をプロファイル（焦点化）する＞という認知様式が反映されていることを指摘した（第Ⅰ部1章、第Ⅱ部1章）。

また、「を」が、＜移動主体が別の場に至る＞という部分を（ベースとなる構図のうちに含みながら）焦点化する用法を持たない（そして、＜移動主体が別の場に至る＞という事態は「に」によって表される）ことについて、「過程」（「未完了」）と「帰結」（「完了」）とを区別して捉える認知様式の反映であるとした（第Ⅰ部1章）。

上に述べたこと以外にも、本書では次のようなことを明らかにした。

- 「穴を掘る」型表現において、本来的には状態変化他動詞であるもの（「掘る」「沸かす」等）が作成動詞として解釈されるという認知プロセスが存在する（第Ⅰ部3章）。
- 受益構文と与益構文との間の非対称性から、'GOAL'（到達点）よりも'SOURCE'（起点）を重視する認知様式が見てとれる（第Ⅱ部4章）。

上記の認知様式・認知プロセスは、「を」「に」のほかにも、様々な言語形式・言語現象に反映されているが（cf. Langacker [1987a・1991]、天野 [2002]、国広 [2005]、等）、さらに広範に亘る調査・研究により、それらの認知様式が人間にとって（或いは、各言語において）どの程度 intrinsic なものであるかということが明らかになるであろう。

特に、＜'GOAL'（到達点）よりも'SOURCE'（起点）を重視する認知様式＞に関しては、如何なる言語の、どういう言語形式・言語現象に、どのような在り方で反映されているのか、今後の研究に一つの課題を提起するものであると考える。

注

序論

1) 服部（1955）の言う「意義素」とは「単語の意味」（服部1974：6）のことであるが、詳しくは服部（1968a・1968b・1973・1974）を参照されたい。
2) 本書では、Langacker（1987a・1991・1999）等と同様に、全ての言語形式は「形」と「意味」の組み合わせ（form-meaning pairings）であると考える。したがって、「を」「に」のような所謂「機能語」も意味を有すると見る。
3) 「が」の働きについては竹林（2004a：第Ⅱ部3章）で論じた。ご参照いただければ幸いである。
4) 尾上（1984・1990）で示された文法論の分類表において、「根拠・解釈派」は、縦の三区分（「何を論ずることが文法論なのかをめぐって大きく分かれる三つの立場」［尾上1990：4］）の第一番目に置かれている。また、尾上（1984・1990）の解説でも、「根拠・解釈派」は、「第一の立場」として、他の派（「一面照射派」「組織的記述派」）よりも前に説明がなされている。しかし、これらのことは、尾上（1984・1990）が「根拠・解釈派」について他の文法論よりも優れていると主張していることを表すものではない。
5) 「する」についての以下の分析は、竹林（1997）で行なったものである。
6) 「千円する」の「千円」は副詞的要素であり、（言語形式化されないことが多いとしても）「する」の主部（subject）は「値段」である。このことは、「千円がする」と言えないことからも確認できる。先述の「時の経過」を表す場合も同様で、「三日して」の「三日」は副詞的要素であり、主部は「時」である。また、「千円する」について、「値段が、千

円分、現出している」として「テイル」形を用いたが、「する」がそのままの形で言表時点の状態を表すのは、「香り／音／味がする」などの場合と同様である。

7） 或る言語形式のスキーマ的意味・機能を明らかにしようとした研究として、竹林（2004a）・Langacker（1999：Chapter3）も参照されたい。

8） 助詞「は」や「東京は神田の生まれだ」型表現については、竹林（2004a：第Ⅱ部1章）を参照されたい。

9） 以上に述べたような、「は」・「って」・無助詞形式のスキーマ的機能や、各形式による主題提示の独自性、三種の主題提示相互間の相違点と、そうした相違点の生ずる理由については、竹林（2004a・第Ⅱ部1・5・6章）で述べた。

10） 国広（1994）では、「ベース」に類似した概念を「現象素」という用語で表している。

11） 『明鏡国語辞典』（北原保雄編、大修館書店、2002年）は「とる」について59種の用法を立てているが、それら諸用法の基礎をなすのは、ここに示す三用法であると考える。

12） 三宅（1996b）の説とは、＜「移動の起点」用法の「を」は、非能格動詞とのみ共起し、非対格動詞とは共起しない＞というものである。「非能格動詞」「非対格動詞」というのは、いずれも自動詞で、概略、次のようなものである（cf. 影山［1993・1996］、高見・久野［2002：序章］）。

・非能格動詞：
　意味的には、意図的な行為などを表す自動詞で、統語的には、主語が他動詞の主語に相当する。

・非対格動詞：
　意味的には、非意図的な変化などを表す自動詞で、統語的には、主語が他動詞の目的語に相当する。

13) 「非対格動詞」については、上の注12で述べた。

第Ⅰ部　助詞「を」めぐって

第Ⅰ部—第1章　「を」のスキーマ的意味

1) 「雨の中を、財布を探した。」のような「状況」用法は、「動作・行為の対象」を表す用法の一種であると考える。詳しくは本章3.4節で述べる。
2) このような、「期間」を表す用法は、「移動の経路」を表す用法を基に、空間から時間へのメタファー的拡張によって生じたものとして捉えられる（cf. 菅井2005：103）。
3) 本章は、竹林（1999a）の内容を基に加筆したものである。
4) 厳密に言えば、服部（1955：304）には、「オの意義素は《それの結合する形式の表はす事物に、その結合した形式が統合される動詞の表はす動作・作用が加はること》簡略にいへば「対格」の一つで十分である」とあるから、服部（1955）は、「を」が或る形式と結合した場合のみを問題にしていると言える。しかし、(1a) (2a) (3a) のような例が不適格である理由を説明できないという点で、服部（1955）の説明が不十分であることに変わりはない。
5) 「背景（base）」「焦点化（profile）」については、本書の「序論」2.2.2節を参照されたい。
6) 寺村（1982：108）は、次の言語現象について「どう考えたらよいだろうか」と述べ、説明を与えかねている。

　　・二階／屋上｛*ヲ／カラ｝オリル（寺村［1982：108］より）

上の場合、移動の起点を表すのに「を」を使うことができず、「から」を用いなければならない。ここで「を」が使えないのは、上の例の「オリル」が、「電車／バス／土俵／舞台ヲ　オリル」（寺村1982：106）の

ような場合の「オリル」とは違って「離脱」を焦点化するものではないからだと考えられる。「二階／屋上カラ　オリル」の「オリル」は、「階段ヲ　オリル」（この場合、「階段」は「移動の経路」）のような「オリル」と同様のものである。

7）　「ひびが壁を走った。」のような表現は、現象を個体の移動として表したものである。

8）　よって、動作主は＜移動主体の存在していた場＞に、また、動作対象は＜移動主体が（移動の結果）到達する別の場＞に（メタフォリカルに）なぞらえられていることになる（cf. 池上1993：45-46）。

9）　この例は、「状況補語は、何らかの移動を伴う動作を表す動詞としか共起しない」という杉本（1993：32）の一般化への反例となる。

10）　杉本（1995：127）も次のように言う。

> 移動格の「を」に関する不可解な現象として、経路の「を」、経由点の「を」（竹林注：「バスはそのバス停を通り過ぎた。」[杉本1995：124]のような用法。本書では、こうした「を」は「経路」用法の一種［「経路」の一点が焦点化された用法］と捉える）、起点の「を」があるのに、なぜ「着点」の「を」がないのか、ということがある。例えば次の文は不自然である。
> 　　（51）??部屋を入った。
> 移動格の「を」が「移動の行われる場所」を示すのであれば、着点の「を」があってもよさそうである。

杉本（1995）は、この「不可解な現象」を「今後の課題」（p. 127）としている。

11）　＜移動主体が別の場に至る＞という事態の表現において、「家 φ 着いたら電話してね。」のように無助詞形式が用いられることもある。こうした無助詞形式の意味・機能については、本書第Ⅲ部1章で考察する。

第Ⅰ部―第2章　「を」の起点用法の使用条件をめぐって

1）　本章は、竹林・皇甫（2000）の内容を基に加筆したものである。

2） 寺村（1982：107-108、120）・益岡・田窪（1987：61）・三宅（1995b）にも、同様の（或いは同一の）記述が見られる。なお、「を」の起点用法の使用条件として、三宅（1996b：145）は（2）のほかに次の一般化を提示しているが、本章では、この一般化については論じない（なお、この一般化も、益岡・田窪［1987：60］・三宅［1995b］に同様の［或いは同一の］記述が見られる）。

　　　　［着点］をも同時に含意する場合は、［起点］を対格で標示することはできない。

3） しかし、人の意志的なコントロール下にあると見なせるか否かという観点を持ち出すのなら、（4）の事態が人の意志的なコントロール下にあると見なせない（或いは、通常そう見なされない）ことを示す必要がある。煙が煙突から出るのは、客観的に言えば、そうなるように人の意志によってコントロールされている人為的な事態である。

4） （6）は、注3に述べた問題点を承知しつつ、（4）との対をつくるために敢えて出した例である。但し、そうしても構わないと判断したのは、煙が煙突から出るという事態を、人の意志的なコントロール下でそうなっているのだという意識なしに見ることも十分あり得るからであり、（6）はそうした場合の例として出したものである。

5） 勿論、（6）（7）で、「煙突から出て」「心臓から出て」と「から」を用いることもできる。「移動の起点」を表す「を」と「から」の相違点については、前章（第1章）3.1節を参照されたい。

6） 三宅（1996b：158-159）には、「を」の起点用法について本章で否定した〈非対格性による制約〉が、（現代）韓国語における、移動の起点の標示に関しても当てはまるとされている。この三宅（1996b）の見方が不適当であるということについては、竹林・皇甫（2000）を参照されたい。

　　また、岸本（2005：135-136）は、三宅（1996b）の見方を肯定した

上で、それを基に論を展開している。しかし、三宅説が適切なものでない以上、それを前提とした岸本（2005）の論も妥当なものではあり得ない。
7）　ヲ格項目（上の例では「支店」「花子」）が、奪格と与格の「中間に位置する」、或いは奪格と与格の「間をたどる」、ということをもって「動作・行為の対象」用法を＜《事象の過程》をプロファイルする＞ものとして捉えるのであれば、次のような例に関しては、どのように考えたらよいのであろうか（この問題点については、森山［2003：299］でも言及されている）。

　　α．誰かがドアをノックした。
　　β．彼は、こよなく本を愛している。

　　こうした例についての説明は、菅井（1998・1999・2003・2005）には見られない。
8）　何故これらの場合に離脱過程のプロファイルが容易になるのかということに関する言及は、菅井（1999・2003・2005）等には見られない。
9）　「動力連鎖」（Action Chain）・「目標領域」（Target Domain）・「受動的参与者」（Passive Participant）という用語については、Langacker（1991：283、326-327）を参照されたい。
10）　「を」の起点用法には、＜或る場所からの「離脱」に重点をおく移動動詞としか共起しない＞という使用条件があるが、この使用条件が存在する理由も「を」のスキーマ的意味から説明されるのであった（cf. 本書第Ⅰ部1章3.1節）。

第Ⅰ部—第3章　「穴を掘る」型表現の本質

1）　本章は、竹林（2004b）の内容を基に加筆したものである。
2）　鈴木重幸・鈴木康之（1983：9-10）は、「湯を沸かす」と「水を沸かす」とでは「むすびつきの型」が異なるとして服部説を批判している。

鈴木重幸・鈴木康之（1983：10）には次のようにある。

> 服部四郎は「ゆ」とか「めし」という名詞がさししめすものにたいして、「わかす」とか「たく」という動詞がさししめす動作がはたらきかけていくのであって、そのかぎりでは、「水を　わかす」とか「米を　たく」というばあいと区別する必要がないといっているのである。服部の批判が乱暴きわまることは、つぎの例をみただけでもじゅうぶん理解できるだろう。
>
> 　　　コシヒカリを　かゆに たく
> 　　　ごくぼそを セーターに あむ
> 　　　まるたを やぐらに くむ
> 　　　いど水を ゆに わかす
> 　　　大島つむぎを きものに ぬう
>
> 現実の世界のおなじ動作をなづけている、ふたつのことなるタイプの連語（竹林注：一つは「いど水で　ゆを　わかす」というタイプの連語であり、もう一つは「いど水を　ゆに　わかす」というタイプの連語）が存在していて、相互に対立している。この対立のなかではじめて、一方（竹林注：「いど水で　ゆを　わかす」タイプの連語）には**材料―生産物―動作**というむすびつきの型を、他方（竹林注：「いど水を　ゆに　わかす」タイプの連語）には**はたらきかけをうける客体―結果―動作**というむすびつきの型を確認することができる。

3）　例えば、奥津（1990：69）は、「湯を沸かす」について次のように述べている。

> 「湯」は目的語として「を」をとっているが、「湯」は「わかす」という動作が加えられる対象ではなく、その動作の結果を表わすのである。

4）　「チャンク」（chunk）とは、個々の語が「呼び起こす記憶内容」、「事態構成における意味素材」（田中1997：15）のことである。

5）　但し、『明鏡国語辞典』（北原保雄編、大修館書店、2002年）の「を」の項目には、「字を書く」が、「穴を掘る」「湯を沸かす」等と共に、「動作・作用の及ぼされた後の物事を対象として示す」（「を」の）用法の例として挙げられている。

6) 田中・深谷（1998：93）も、「湯を沸かす」という表現について、「沸かす」の直接作用対象は「水」であるとしている。
7) 杉崎（1968：66）も、「湯を沸かす」について次のように述べている。

> この「沸かす」は「湯」に対するはたらきかけではなく、「湯」を作り出すはたらき（換言すれば「沸かして湯を作る」というような意）を表わしている。

また、奥津（1990：69-71）も、「沸かす」「炊く」等を「生産動詞」と呼んでいる。
8) この選択の道が存在するのは、「掘る」「沸かす」という行為によって「穴」「湯」ができる（作り出される）ということを聞き手・読み手が知っているからである。
9) ここで「穴を掘る」型表現について述べたような文解釈のプロセスは、天野（2002）が、無生物主語のニ受動文・無生物主語の尊敬文・多主格文・状態変化主主体の他動詞文といった諸構文について指摘しているトップダウン式の意味付与の過程と同様のものである。
10) 「を」に関して、「動作・行為の対象」用法・「移動の経路」用法（e. g.「山道を歩く」）・「移動の起点」用法（e. g.「日本を離れる」）といった諸用法が包括的・統一的に把握可能であることは、第Ⅰ部1章で述べた。

第Ⅰ部―第4章　二重ヲ格構文の一側面

1) 本章は、竹林（2005）の内容を基に加筆したものである。
2) 次の例においても、単文中で複数の「を」が用いられている。

α．太郎は急な坂を自転車を一生懸命押した。
（柴谷［1978：262］より）
β．警官は嵐の中を犯人を追いかけた。（杉本［1986：317］より）

しかし、「急な坂を」「嵐の中を」の「を」は、通常の「動作・行為の対象」用法ではない（cf. 第Ⅰ部1章3.4節）。

3） 柴谷（1978：364）によれば、次の文は「二重対格対象語制約に反するので非文法的である」とされる。

 γ．太郎が次郎を頭をなぐった。
 δ．先生が次郎を絵をほめた。
 ε．太郎が次郎を次郎の妹をバカ呼ばわりした。
        （いずれも、柴谷［1978：364］より）

しかし、実際には、γ・δの文は表現として成立する（cf. 三原2004：105-106、108-109）。これに対して、εは（「次郎を」と一旦口にしたのを訂正して「次郎の妹を」と言い直した表現でない限り）不適格な文である。γ・δとεとの間に上のような適格性の違いが存在する理由については本章の第3節で述べる。

4）「目的語所有者上昇構文」に関して、三原（2004）は次のような主張もしている。

 ・日本語の所有者上昇構文において、所有物は真の目的語であるが、所有者はVP付加された提示句である。
 ・英語の所有者上昇構文において、所有者はもちろん、所有物も完全な名詞句としての機能を有している。それに対して日本語では、所有物が完全な名詞句としての位置を持っていない。
        （いずれも、三原［2004：130］より）

本章では、これら二つの主張の問題点については述べない。

5） 三原（2004）は、「目的語所有者上昇構文」を「所有者上昇構文」と略称している。三原（2004：105）によれば、「目的語所有者上昇構文」という名称は、「山田氏が、娘さんが先月結婚したらしいよ。」のような「主語所有者上昇構文」と対をなすものである。

 但し、三原（2004：105）は、「筆者は双方の上昇構文において所有者

の移動が生じているとは考えていない。従って、「所有者上昇構文」という名称は当を得ていない」と述べている。この三原（2004）の見方は妥当であると考える。

なお、英語の「目的語所有者上昇構文」とは、次のような文のことである。

ζ． John hit Bill on the arm.（三原［2004：105］より）

本章では、考察対象を日本語に限定し、英語の「目的語所有者上昇構文」については論じない。

6） 三原（2004）は、「譲渡不可能所有物」について、「基本的には他人に譲り渡すことができないもの」（p. 109）と説明している。
7） 「動詞自体の内在的意味に限界性が刻み込まれている動詞」（三原2004：61）を「限界動詞」、そうでない動詞（即ち、「動作に必然的な終わりがない」動詞［三原2004：7］）を「非限界動詞」と言う（詳しくは、三原［2004：61-63］を参照）。三原（2004：61-63）は、「限界動詞」「非限界動詞」の例として次のようなものを挙げている。

限界動詞：「置く」「壊す」「切る」「消す」「越える」等
非限界動詞：「疑う」「経営する」「眺める」「願う」「望む」等

8） このことからも、「（目的語）所有者上昇構文」という名称は適切でないと言える（「所有者上昇構文」という名称の問題点については、本章の注5でも言及した）。
9） 「塗る」は、三原（2004：111）では「限界動詞」の例として挙げられているが、三原（2004：62、187）では「±限界動詞」（本来的には「非限界動詞」であるが、場合によって「限界動詞」になるもの）であるとされている。
10） 「目的語所有者上昇構文」と呼ばれるタイプの構文における第二目的

語が「所有物」に限られないことについては先に述べた通りである。

なお、次例も参照されたい。

  η. そのキックボクサーのキックは相手選手の左足を、むこうずねを折った。

この例も、限界動詞（「折る」）が使用されているが、「目的語所有者上昇構文」として成立している。

11) 「目的語所有者上昇構文」でないタイプの「二重ヲ格構文」には、例えば、本章の注2に挙げたようなものがある。

また、次例を見られたい。

  θ. 私は、新宿を、東京を、こよなく愛している。

この文は、高見健一氏（2006年1月の私信）がご教示下さったものであり、第一目的語（「新宿」）が第二目的語（「東京」）より詳細な要素だという点で、（表面上は）「目的語所有者上昇構文」とは反対の在り方を持つ。こうした表現について、どのように考えればよいであろうか。

まず、上のθのようなタイプの二重ヲ格構文も、「目的語所有者上昇構文」と同様に、第一目的語と第二目的語の間に休止（pause）が置かれ、第二目的語は再提示された要素であると言える。そして、このタイプの二重ヲ格構文は、「新宿を、また、東京を、こよなく愛している」というように、「また」が入るような表現――いわば〈並列提示表現〉――である（即ち、このタイプの文の第一目的語と第二目的語は、そうした並列的な関係にある）。この表現性の故に、θのような文の第一目的語と第二目的語は、入れ替えが可能である（この入れ替え可能性については、高見氏の御指摘による）。

  ι. 私は、東京を、新宿を、こよなく愛している。

「目的語所有者上昇構文」の場合、第一目的語と第二目的語を入れ替えることはできない。

κ a. 太郎は花子を、右足を蹴った。(＝(1a))
　 b. *太郎は右足を、花子を蹴った。

第II部　助詞「に」をめぐって

第II部─第1章　「に」のスキーマ的意味

1）　本章は、竹林（1999b）の内容を基にして大幅に加筆したものである。
2）　本書では、「動作主」という術語を、動作・行為（「褒める」「教える」等）の主体のみならず、変化（「死ぬ」「老ける」等）の主体をも含む概念として用いる。
3）　国広（1962：86-87、1967：224-225）では、「に」の意義素について、「《密着の対象を示す》・《副詞的意義質》の１つだけを仮定すればよいと考えられる」と述べている。この国広（1962・1967）の見方に対して、国広（1986：199）は次のように言う。

> 私は以前に「に」の意義素を《密着の対象を示す》というふうに仮定してみました。そうしますと、「壁にポスターを貼る」というときはぴたりですが、「銃を空に向けて撃つ」というときは、何もない空間を《密着の対象》とすることになり、何か無理がありますし、「おみやげに香水を買ってきた」というときは、《密着》という要素がどのように関連しているのか、非常に抽象的な思考をしないと分かりにくいわけです。

上のような国広（1962・1967）の問題点を克服すべく提示されたのが、「「に」は一方向性をもった動きと、その動きの結果密着する対象物あるいは目的の全体を本来現わしている」という国広（1986）の見方である。

4）　本書が、受益構文における「に」に関して「動作主」用法という名称を用いないのは、受益構文のうち「依頼使役文」と呼ばれる種類のものにおいて「に」が「依頼相手」の標示に働いている面があると考えられるからである（詳しくは第3節で述べる）。

5）　国広氏（2006年4月の私信）によれば、これら二用法について、「今は講義などの中で、「心理的志向の対象を指す」と説明」なさっているとのことである。なお、国広（1962：86、1967：225）では、「『影響・作用を受ける』場合には影響・作用を与えるものに密着することによってそれから影響・作用を受けるのである」（下線は、原文では圏点）と述べられていた。

6）　但し、菅井（2005：108）は次のように言う。

> 明確に付け加えておかなければならないのは、決して「ニ格」が4種類に分けられるのではなく、むしろ〈一体化〉という性質には程度差があって、4つの基準を援用することで意味役割が一元的に整理できるという点であり、この意味で4つの制約（竹林注：〈近接性〉〈到達性〉〈密着性〉〈収斂性〉のこと）が便宜上の目安にすぎないことを確認しておきたい。

7）　菅井（2003・2005）等では、《起点》《過程》は、それぞれ、「カラ格」「ヲ格」によって表されると捉えている。「ヲ格」を《過程》の具現として特徴づけることの問題点は、本書第Ⅰ部2章で述べた。

8）　"受け取りの局面"とは、「逆方向的な移動主体（対格 NP）の動き」（菅井2000：19）のことである。

9）　勿論、「彼は息子に時計を買ったが、結局、渡さなかった。」のように、実際に「時計」が「息子」の手に渡るとは限らない。しかし、上の表現においても、《息子に渡すつもりで時計を買った》という含意があり、この意味において、＜「彼」から「息子」への「時計」の移動＞が表されていることに変わりはない。

10）　受身文において言表者（話し手／書き手）の視座（視線の起点）が主部項目（被影響者）の側にあるということについては、久野（1978：

129-140)を参照されたい。

　　また、ここで「被影響」というのは、「富士山は世界中の人々に知られている。」のように、主部項目（上の例では「富士山」）が或る在り方を与えられているという場合も含む概念である（cf. 坪井2003）。

11)　言表者と被影響者が同一である場合も勿論ある（e.g.「私は犬に噛まれた。」）。また、被影響者・動作主は、人や動物に限られない（e.g.「花子の家は高層ビルに囲まれている。」[益岡〈1991：192〉より]）。

第II部—第2章　受益構文の使用条件と助詞「に」

1)　本章は、竹林（1998）の内容を基に加筆したものである。
2)　「非能格動詞」「非対格動詞」については、本書「序論」の注12を参照されたい。
3)　影山（1996）は、(5b) の「手伝う」を非能格動詞（即ち、自動詞の一種）としている。しかし、(5b) のような「手伝う」は、（「を」格項目が言語形式化されていないにしても）他動詞と見るのが妥当である（一般的にも、他動詞として扱われている）。例えば、『岩波国語辞典 第6版』『新明解国語辞典 第6版』は「手伝う」の自他を次のように区別している（後者の辞典で〈　〉内の「ヲ」「ニ」が太字になっているのは元のまま）。

　　『岩波国語辞典 第6版』
　　　手伝う：①［他］他人の仕事を助けて、うまく行くように力を添える。「家事を
　　　　　　　―」「兄を―・って家業に励む」
　　　　　　②［自］ある原因の上にそれも加わって結果に影響する。「若さが―・っ
　　　　　　　て無謀な行いに走った」

　　『新明解国語辞典 第6版』
　　　手伝う：①［他］〈なに・だれヲ―〉他人の助手として、手助けをする。「荷造り
　　　　　　　を―／家事を―」
　　　　　　②［自］〈（なにニ）―〉ある原因の上に、それも加わって影響を与える。
　　　　　　　「不況の風も手伝って」

(5c)の「死ぬ」を非能格動詞とすることの問題点については、後に述べる。

4) 影山（1993：59）は、「*私はおじいさんにころばれた」という文を不適格であるとして、「転ぶ」が迷惑受身にならないと見ている。しかし、(8)のように、具体的な文脈が与えられれば十分適格な文になる。

5) 森田（1989：112）にも次のような記述がある。

> 「死ぬ」は意志的行為、無意志作用、どちらも可能。「死んでやる」は意志動詞として、「老衰で死んだ」は無意志動詞として用いられている。

(5c)の「死ぬ」が非対格動詞であるとすれば、「あなたには死んでもらいます。」((5c))という文は、＜非対格動詞は受益構文に用いることができない＞とする影山説((7))への反例となる。

6) 影山説が妥当でないことについては、高見・久野（2002・第6章）でも指摘されている。

7) これを言い換えれば、(4)の「働きかけの連鎖」を有する、「依頼使役文」と呼べる例は、受益構文の一部にすぎない、ということである（cf. 第II部1章3節）。よって、無生物が受益構文の「に」格項目になりにくい理由について次のように述べる庵・高梨・中西・山田（2000：113）の見方は正鵠を射ていない。

> 「〜てもらう」には「〜させると同時に主語がその恩恵をこうむる」という意味を持つ場合が多いので、基本的にニ格の名詞句は意志を持って動作をすることができるものに限られます。

非依頼使役文タイプの受益構文の諸相については、吉田（2003）を参照されたい。

8) (13) a〜cでは、主部項目（受益者）と言表者は一致している。しかし、次のような例では、主部項目（受益者）と言表者が異なる。

・その赤ちゃんは、たくさんの人にかわいがってもらった。

　こうした例の場合、「に」格項目（「たくさんの人」）を「与益者」と認定するのは、主部に立つ受益者（「その赤ちゃん」）ではなく、上の文の言表者である。
　「(14)で「与益者」と呼んだのは、そこから主部項目（受益者）が恩恵・益を受けるものとして(主部項目の側に立つ)言表者（話し手／書き手）によって判断される対象・相手のことである」と述べたのは、上のような例を考えてのことである。

9) 高見・久野（2002：317）には、(19)のほかに次のような例文も挙げられている。

・台風に早く通り過ぎてもらって、ホッとしたよ。
・子供たちは、クリスマスイヴに雪に降ってもらい、大喜びだった。
・お日さまに午後の間ずっと照ってもらったので、洗濯物がだいぶ乾いた。

　但し、(19)とは異なり、上の三例については、「√／？」（適格［「√」］或いは若干不自然［「？」］）とされ、適格性がやや落ちることが示されている。

10) 「死去する」「死亡する」について、ここに述べたような意味特徴を指摘した記述は、『角川必携国語辞典』（大野晋・田中章夫編、角川書店、1995年）に間接的に見られる以外は、国語辞典などに見当たらなかった。『角川必携国語辞典』には次のように記されている。

　　死んだ人に対する尊敬の度合いによって、自分に近いものに「死亡」「死去」、やや敬意をこめて「逝去」、皇族に「薨去」、天皇に「崩御」などと使いわける。(p. 585。下線、竹林)

第II部─第3章　与益構文における「に」格名詞句の使用条件をめぐって

1) 本章は、竹林（2000・2006a）の内容を基に加筆したものである。
2) 但し、「話す」「渡す」「貸す」など、意味要素として［着点］を含む動詞の場合は別であるとされている。なお、（3）の三宅（1996a）の見方は、既に三宅（1995a）で示されているものであり、城田（1996）でも採られている。
3) （4）～（6）のような言語現象は、益岡（1980）・大曾（1983）においても観察されている。このことに三宅（1996a）は言及していない。
4) 立てられている語彙概念構造に関して妥当性が疑われるところもあるが、以下の議論に直接の影響は及ばさないので論じないこととする。
5) 「抽象化」とは、「『語彙概念構造』→『項構造』（述語がとる項を表示するレベル）→『統語構造』」という派生的モデルにおいて、語彙概念構造の一部の意味特徴が項構造や統語構造に引き継がれなくなることである、とされている。
6) 益岡（1980）・大曾（1983）は、＜「作る」「建てる」等の動詞は、単独では（即ち、与益補助動詞なしでは）「に」格名詞句と共起しない（或いは、共起し難い）＞と考えている。
7) 「助詞「に」のスキーマ的意味」という表現に関して、次のように考える立場もあるであろう。即ち、「に」は、「が」「を」などと同様に、格標示（「に」の場合は「与格」の標示）に専ら用いられる文法的要素であるから、「意味（語義）」など持たない、と考える立場である。このような見方が妥当でないことについては、国広（1987）、竹林（2004a：第II部3章）、本書の「序論」1.4節、第I部1章・2章、第II部1章、を参照されたい。
8) 例えば、益岡・田窪（1987：4-5）には、次のような用法も挙げられている（cf. 本書第II部1章1節）。

　　a．所有者（e. g.「私には子供が3人ある。」「われわれには金も暇も

ない。」)
　b. 動作や事態の時、順序 (e. g.「3時に会議がある。」「3年前に彼から金を借りた。」「山田が最後に着いた。」)
　c. 動作主 (e. g.「私にはそれはできない。」「彼にこれをやらせよう。」「先生に叱られる。」)
　d. 変化の結果 (e. g.「信号が赤に変わる。」「学者になる。」「息子を医者にする。」)
　e. 受け取り手・受益者 (e. g.「子供にお菓子をやる。」「恋人に指輪を買う。」)
　f. 相手 (e. g.「恋人に会う。」「田中さんに聞く。」「父親に金をもらう。」)
　g. 対象 (e. g.「親に逆らう。」「提案に賛成する。」「試験の結果に失望する。」「人間関係に悩む。」)
　h. 目的 (e. g.「海に海水浴に行く。」「買い物に行く。」)
　i. 原因 (e. g.「寒気に震える。」「酒に酔う。」)

9) 先に見たように、「〜のために」であれば適格な表現となる ((13b))。「〜のために」の「に」は、動作・行為の GOAL を示す、「目的」用法の「に」であり、「太郎にネクタイを買ってやった」という表現における「に」のような、モノの移動を表す用法とは異なる。

10) 「買う」は、「話す」「渡す」「貸す」のような「意味要素として[着点]を含む動詞」でもない。例えば、

　α. 昨日、彼のことを話しました。
　β. 昨日、私の本を渡しました。
　γ. 昨日、私の本を貸しました。

といった文は、コンテクストの支えがない限り、「誰に話した／渡した／貸した」のかという情報を欠いた、不十分な表現であると感じられる

が、

  δ．昨日、話題の本を買いました。

という文は、「［着点］名詞句」（「に」格名詞句）なしでも自然な表現である。

第II部—第4章　与益構文と受益構文の非対称性

1)　本章は、竹林（2001・2006b）の内容を基に加筆したものである。
2)　受益構文における「に」格名詞句の性質に関しては、本書第II部2章、髙見・久野（2002：第6章）を参照されたい。
3)　「〜してやる／あげる」構文の与益者は、受益構文の与益者・「〜てくれる」構文の与益者いずれとも異なり、＜他に対して意志的に恩恵・益を及ぼす主体＞という性質を有する（cf. 髙見・加藤2003：103）。次例を見られたい。

  α．（徒競走で）君に転んでもらって、僕は生まれて初めて一等になった。
  β．君が転んでくれて、僕は生まれて初めて一等になった。
  γ．僕が転んでやって、彼は生まれて初めて一等になった。

上の α・β の文は、「君」がうっかり転んだ場合（話し手／書き手も、そう考えている場合）の表現として成り立つ（勿論、わざと転んだ場合の表現でもあり得る）。一方、γ の文は、「僕」がわざと転んだ場合（或いは、負け惜しみなどで、まるで自分から転んだかのように言う場合）の表現としてのみ解釈される。

4)　国広（1986：200）は、受身文で動作主を表す用法（e.g.「先生に褒められる」）や受益構文の「に」（e.g.「太郎に手伝ってもらう」）を例外扱いしている。しかし、第II部1章で述べたように、これらの場合も、

〈視線の移動〉という観点の導入によって、国広（1986）の構図から説明可能となる。
5） こうした「恩恵・益の拡散性」は、「彼女を褒めてやってください」「彼に買ってもらってやってくれ」のような、補助動詞の複合形式（cf. 宮地1999：第2章）においても観察される。

第Ⅲ部 「を」と「に」

第Ⅲ部—第1章 「を」「に」の省略現象

1） 「所謂「省略」現象」としたのは、本書では、「を」「に」に含む形式がもとになって「を」「に」を含まない形式が（「省略」という操作によって）生ずるとは考えていないからである。「を」「に」を含まない形式は、初めから無助詞による表現形式であると考える（cf. 竹林2004a：187）。
2） 本章の内容は、竹林（2006d）を基にしている。
3） 但し、本書筆者（竹林）には、（6）における無助詞形式の表現は、やや不自然に感じられる。
4） 《ゼロ助詞》を「本来格助詞などの助詞などの助詞があるべきところに助詞を欠くもの」として規定すると、

　　α．お誕生日 φ おめでとう。

のように、「本来あるべき助詞」が想定困難な場合を考察の対象外とせざるを得なくなる（実際、長谷川［1993］が、そうしている）。そのことの問題点を、竹林（2004a：230-231）で（長谷川［1993］へのコメントとして）次のように指摘した。

　　無助詞形式でしかあり得ないということは、同形式の機能を考える上で重要なはずであり、それを考察対象外とするのは不適当であると考えられる。

また、次例を見られたい。

β．(チーズケーキとショートケーキが1つずつある。姉が妹に、「チーズケーキなら食べてもいい」と言う。しかし、妹は姉が見ていない間にショートケーキを食べ始める。それを見つけた姉が妹に怒って言う) チーズケーキ {を／???φ} 食べってって言ったでしょう。

γ．(「はさみある？」と聞いたところ、カッターを渡そうとする友人に) はさみ {を／*φ} 貸してよ。

(いずれも、加藤［2003：352］より)

上のβ・γの例について、加藤(2003：352)は次のように言う。

> これらの用例では、《ゼロ助詞》がマークしている名詞句に特に強勢がない場合には不自然であるが、強勢をおいたり、何らかの方法で強調すれば特に不自然ではない。このことは、《ゼロ助詞》が強調されることを回避する働きを持っているのに対し、音声的に強調を与えることで《ゼロ助詞》の働きを消してしまうということだと考えなければならない。また、《ゼロ助詞》の機能は音声的に特定の形態を強調することで無化されてしまうような、脆弱なものであることも考えておかなければならない。

しかし、上の例β・γで、音声的に強調する場合に無助詞形式が許されるという現象は、「音声的に強調を与えることで《ゼロ助詞》の働きを消してしまう」ものとしてではなく、有標的表現にするために、助詞「を」の代わりに音声的強調が用いられるものとして捉えるのが妥当である。β・γにおいて、《ゼロ助詞》を用いて「チーズケーキ」「はさみ」を「脱焦点化」する（即ち、「チーズケーキ」「はさみ」が「強調されることを回避する」）理由はない。

5) 「が」の「省略」現象に関しても、加藤説では十分な説明が困難である。このことについては、竹林(2004a：第Ⅱ部6章2.3節)で指摘し

6）　加藤（2003：387）は、「《ゼロ助詞》が可能になる名詞句は、述語（句）と語用論的な関連性が高くなければならない」と述べている。（7）（8）（9）のような場合については、この観点こそが重要である。また、「脱焦点化機能」と「語用論的な関連性」とは、同一の原理に基づいて統一的に把握できる。このことについては第3節・第4節で述べたい。

7）　無助詞形式の機能については、竹林（2004a：第Ⅱ部6章）で詳しく述べた。

8）　このことは、＜或る事柄がコンテクストから明らかな場合には、当該事項は言語形式化されないのが常態である＞ということではない。池上（2000）は次のように述べている。

> 日本語のコミュニケーションにおいては、しばしば、〈ダイアローグ〉的な様相──つまり、話し手と聞き手とが相互に役割交替を繰返しながら、対等のパートナーとして、話し手の方が聞き手の側の十分な理解に配慮して振舞うことが当然の前提とされる〈話し手責任〉的な型のコミュニケーション──よりも、〈モノローグ〉的な様相──つまり、話し手は聞き手の側で理解への最大限の努力をしてくれることを当然の前提として、多かれ少なかれ自己中心的に振舞うという〈聞き手責任〉的な型のコミュニケーション──の方に傾くことがあり、それに対する許容度も比較的高い（p. 285）

この池上（2000）の指摘のように、日本語母語話者は、相当に「聞き手責任」的な言葉遣いをする傾向にある。

9）　但し、有標的表現の場合、「を」「に」を使用する代わりに音声的強勢を用いることもある（cf. 本章の注4）。

10）　勿論、助詞「に」が全ての用法において視線の移動を表すわけではない。（28a）のような非依頼使役文タイプの受益構文（「～にVてもらう」構文）における与益者標示用法の「に」や受身文における動作主標示用法の「に」は視線の移動を表す、ということである。詳しくは、本書第Ⅱ部1章・2章を参照されたい。

11) 益岡・田窪（1987：4-5）は、「格助詞の基本的用法」として、「を」に4種の用法、「に」に11種の用法を立てている（cf. 本書第Ⅰ部1章1節、第Ⅱ部1章1節）。
12) 「主部」（subject）とは、文あるいは節における、文法構造上・内容構成上の中核項目である（cf. 川端1966：173-175）。「文法構造上・内容構成上の中核」ということと、先に述べた「表現心理上の焦点（強調点）」ということとは、本質的には別の概念であり、両者は必ずしも重ならない。

第Ⅲ部—第2章 「を」使役と「に」使役

1) 本章は、竹林（2006c）の内容を基に加筆したものである。
2) 「?雨に降ってもらう。」と「?雨に降らせる。」とでは、後者のほうが不自然さの度合いが強いと本書筆者（竹林）には感じられる。「雨に降ってもらう。」は、次例のように具体的な文脈が与えられれば適格な表現となる。

　　　α．農家の人たちは、長い間日照りが続いた後、やっと雨に降ってもらいひと安心している。（＝本書第Ⅱ部2章の例(19)）

「?子どもに寝てもらう」((7a))や「?子どもに寝させる」((7b))も、

　　　β．（夫婦の会話）今日は、子どもに早く寝てもらって、二人でビデオを見よう。
　　　γ．（修学旅行で）教師たちは、夜、起きていたい子どもには起きていさせて、眠たい子どもに寝させることにした。

のように具体的な文脈を与えれば、自然な表現となる。
3) 柴谷（1978）では、「を」使役と「に」使役の意味的相違を「どのよ

うに形式的に捉えるか」（p. 311）ということについても論じられているが、その論に関しては触れないこととする。

4）　柴谷（1978）は、「動作主」という用語を「意志的な動作の主体」（p. 277）と規定し、次のように述べている。

> 「太郎が走った」の「太郎」は動作主であるが、「太郎が気絶した」の「太郎」は動作主でないと見做す。同じように、「百恵ちゃんが泣いた／笑った」の「百恵ちゃん」は、彼女が意志的に泣いたり、笑ったりした場合は動作主として働いていると見做すが、自然に（または反射的に）泣いたり、笑ったりした場合は、動作主と考えない。（p. 277）

　柴谷（1978：277）は、「太郎が気絶した」の「太郎」や、「（非意図的に）百恵ちゃんが泣いた／笑った」という場合の「百恵ちゃん」を、「対象」と呼んでいる。

5）　早津（1999）は、この（10）の例（新潮文庫『山の音』［第88刷］では72頁に見られる）について次のように述べている。

> 柴谷（1978）には引用されていない前後の文脈を読んでみると、この説明（竹林注：「父が修一という息子に言ってきかせ、行かせるという状況」を表しているとする説明）はこの場面に関するものとして必ずしも説得的でない。これもむしろ"父（発話者）や母（発話者の妻）が行くのではなく、その代わりに息子である修一に行かせる"という対比性が感じられるものである（p. 44）

　例（10）についての柴谷（1978）の説明が「この場面に関するものとして必ずしも説得的でない」という早津（1999）の指摘は妥当である。但し、早津（1999）の言う「対比性」も、（10）の文に先行する文脈から僅かに感じられるにすぎず、「土曜日に、修一に行かせよう。」という文表現自体に「対比性」を認めるのは無理がある。

6）　この例では、「勝た<u>せ</u>て」ではなく「勝た<u>し</u>て」となっているが、これは、ここでの議論にとって問題になるようなことではない（cf．本章の注7）。

7) 例（16）と同様、この例でも、「働か<u>せ</u>て」ではなくて「働か<u>し</u>て」となっている。しかし、「あれに働かせておいて」という形に変えても、ここでの論に影響はない。

8) 国立国語研究所（1964）［以下、国研〈1964〉と略す］は、「評論・芸文」「庶民」「実用・通俗科学」「生活・婦人」「娯楽・趣味」という「五部門九十種の雑誌の、昭和31年1月号から12月号までの本誌・増刊号および付録の本文」（p. 3）を対象として、「用語・用字の実態を記述・分析」（p. 3）した調査の「分析編」である。

国研（1964：第3章）［担当は宮島達夫氏］は、「を」使役・「に」使役について次のように記述する。

> 「〜を」をとるか「〜に」をとるかは、大体動詞の自他の別によるといってよいようである。すなわち、自動詞（対象をあらわす「〜を」をとることがないもの）のばあいは「〜を」に、他動詞（これをとりうるもの）のばあいは「〜に」になる。（p. 130）

国研（1964）の調査では、「（さ）せる」に前接する動詞が自動詞の場合、「を」使役が111例、「に」使役が4例であり（これら4例に関しては様々な問題があるが、本章では言及しないこととする）、「（さ）せる」に前接する動詞が他動詞の場合は、「を」使役が0例、「に」使役が38例である（p. 131）。

但し、国研（1964：131）は、次のように言う。

> 他動詞が「〜に」をえらんだ度合い（38例全部）は、自動詞が「〜を」を選んだ度合い（115例中111）よりも大きいように見えるが統計的には有意差はない（危険率31.5％）。

また、国研（1964）は、自動詞使役に関して、「自動詞115例のうち、「〜を」をえらんだものと「〜に」をえらんだものとのあいだにも、ある種のちがいがみられる」（p. 131）として、次の二点を指摘する。

・「〈人〉の方が「〜に」をえらびやすい」(p. 131)
・「意志的な動作の方が「〜に」をとりやすい」(p. 132)

　上の二点から、国研（1964）は、「「〜に」をとった4例は自動詞中にあっても他動詞に通じる条件をそなえていたといえよう」(p. 132) と述べている。

9)　「に」のスキーマ的意味を右のように図示しないのは、「を」のスキーマ的意味における〈移動主体〉が（〈エネルギー〉の場合も含めて）個体的である（cf. 第Ⅰ部1章3.3節）のに対して、「に」のスキーマ的意味における〈移動主体〉は必ずしも個体的でないからである。例えば、

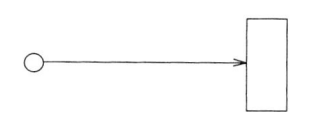

　　δ．私は、昨日、デパートに買い物に行った。

という文において、「デパートに」の「に」は個体（「私」）の移動を表しているが、「買い物に」の「に」（「目的」用法の「に」）は個体の移動を表すものとは言えない。「目的」用法の「に」は、或る事態（上の例では「私がデパートに行く」という事態）の向かう先、即ち GOAL（目的）として或る事柄（上の例では「買い物」）を提示するという表現である。「私がデパートに行く」というような事態は、「個体」とは考えられない。

10)　「を」「に」が、いずれも〈エネルギーの移動〉を表す（より正確に言えば、「に」が「を」と同様に〈エネルギーの移動〉を表すことがある）ということは、「を」使役・「に」使役という使役表現の場合に限られない。

　次例を見られたい。

ε．母親たちは、悠二に手伝って机を四角に並べた。
　　　　　　　（三浦綾子『積木の箱（上）』新潮文庫［第37刷］、p. 155）

　「悠二に手伝って」の「に」は、「（小学生の）母親たち」から「（クラス担任）悠二への〈エネルギーの移動〉を表す。このような場合、「に」を使うより、「悠二を手伝って」と「を」を用いるほうが普通であろうが、「に」の使用も可能なのは、助詞「に」が〈エネルギーの移動〉を表し得るからである。

11)　「その件は彼から話させた。」のような「から」使役について、早津（2004：141）は次のように述べる。

> 他動詞使役文の使役対象がカラ格をとりうるのは、もとの動詞が物や情報の授与を表す三項他動詞（「ダレがダレにナニをあげる／配る／話す／伝える」）の場合であり、もとの動詞の表す動作の主体が物や情報の出どころ的な性質を有することの反映だと思われる。

　この早津（2004）の見方は妥当であると考えられる。

12)　この問題は、本書第Ⅰ部4章で述べた「二重対格対象語制約」の存在理由の問題とは、やや事情を異にする。「二重対格対象語制約」は、「＊太郎は、次郎を花子をからかった。」のように、単文中で、一つの動詞（この例では「からかう」）に対して、複数の「対格対象語」（即ち、動作・行為の対象である「を」格項目）を使用することに関する制約である。一方、本節で問題にしているのは、「＊私は、娘を本を読ませた。」といった文において、他動詞「読む」の項としての「を」格項目（「本」）のほかに、「～（さ）せる」という使役行為の対象（「娘」）を「を」で表すことが何故できないのか、ということである。

結語

1)　動詞「出る」には、「私は毎朝6時に家を出る。」のように、意志的に

コントロールされる移動を表す場合もあるが、「煙が煙突を出て、……」という場合は意志的にコントロールされない移動を表す。

2) 小松（1999：81）は次のように述べている。

> 大切なのは変化の生じた年代を正確に定位することではなく、体系がどういう状態にあるときにどのような変化が生じ、その結果、体系がどのように変化したかを解明することである。もとより、<u>すべてのイツにナゼがともなわなければ日本語史の問題設定にはなりえない</u>。ナゼとは、どういう条件が誘因になってそれぞれの変化が生じたかである。その場合にもまた、当該時期における日本語の体系との関わりが問われなければならないから、イツとナゼは表裏一体である。変化によってもたらされた運用上の効果が、新しい体系のなかで的確に査定されなければ、設定された問題の解答にはならない。（下線は原文のもの）

3) 「を」に概ね対応するコリア語「rɯl」「ɯl」は、母音終わりの語に続く時に「rɯl」、子音終わりの語に続く時に「ɯl」が用いられる。即ち、「rɯl」「ɯl」は同一の語の異形態の関係にある。

4) コリア語に関する情報は、皇甫京玉氏（ソウル出身）から得た。

引用文献

天野みどり（2002）『文の理解と意味の創造』笠間書院。

荒木博之（1983）『やまとことばの人類学――日本語から日本人を考える』朝日新聞社。

庵功雄・高梨信乃・中西久実子・山田敏弘（松岡弘監修）［2000］『初級を教える人のための日本語文法ハンドブック』スリーエーネットワーク。

池上嘉彦（1981）『「する」と「なる」の言語学――言語と文化のタイポロジーへの試論』大修館書店。

池上嘉彦（1993）「〈移動〉のスキーマと〈行為〉のスキーマ――日本語の「ヲ格＋移動動詞」構造の類型論的考察」『外国語科研究紀要　英語教室論文集』（東京大学教養学部外国語科）41巻3号：34-53。

池上嘉彦（2000）『「日本語論」への招待』講談社。

大江三郎（1975）『日英語の比較研究――主観性をめぐって』南雲堂。

大曾美恵子（1983）「授動詞文とニ名詞句」『日本語教育』50号：118-124。

岡智之（2005）「場所的存在論による格助詞ニの統一的説明」『日本認知言語学会論文集』第5巻：12-22。

奥津敬一郎（1990）「第1章　文法」『日本語への招待――文法と語彙』（国際交流基金　日本語国際センター、凡人社）：17-141。

尾上圭介（1982）「「ぼくはうなぎだ」の文はなぜ成り立つのか」『国文学　解釈と教材の研究』27巻16号（12月号）：108-113。学燈社。

尾上圭介（1984）「昭和57・58年における国語学界の展望　文法（理論・現代）」『国語学』137集：20-34。

尾上圭介（1990）「文法論――陳述論の誕生と終焉」『国語と国文学』67巻5号（5月号）：1-16。（尾上［2001］に所収）

尾上圭介（2001）『文法と意味Ⅰ』くろしお出版。

尾上圭介（2003）「ラレル文の多義性と主語」『言語』32巻4号（4月号）：34-41。大修館書店。

尾上圭介（2004）「はじめに」『朝倉日本語講座6　文法II』（北原保雄監修、尾上圭介編、朝倉書店）：iii-iv。

影山太郎（1993）『文法と語形成』ひつじ書房。

影山太郎（1996）『動詞意味論——言語と認知の接点』くろしお出版。

加藤重広（2003）『日本語修飾表現の語用論的研究』ひつじ書房。

河上誓作（編著）［1996］『認知言語学の基礎』研究社出版。

川端善明（1966）「文の根拠」『文林』（松蔭女子学院大学国文学研究室）1号：166-185。

川端善明（1986）「格と格助詞とその組織」『論集　日本語研究（1）現代編』（宮地裕編、明治書院）：1-40。

岸本秀樹（2005）『統語構造と文法関係』くろしお出版。

金水敏（2004）「国文法」『文法』（益岡隆志・仁田義雄・郡司隆男・金水敏、岩波書店）：119-157。

金田一春彦（1955）「日本語　III．文法」『世界言語概説　下巻』（市河三喜・服部四郎編、研究社）：160-200。

国広哲弥（1962）「日本語格助詞の意義素試論」『島根大学論集（人文科学）』12号：81-92。

国広哲弥（1967）『構造的意味論——日英両語対照研究』三省堂。

国広哲弥（1982）「日本語・英語」『講座日本語学　11　外国語との対照II』（森岡健二・宮地裕・寺村秀夫・川端善明編、明治書院）：2-18。

国広哲弥（1986）「意味論入門」『言語』15巻12号（12月号）：194-202。大修館書店。

国広哲弥（1987）「意味研究の課題」『日本語学』6巻7号（7月号）：4-12。明治書院。

国広哲弥（1994）「認知的多義論——現象素の提唱」『言語研究』106号：22-44。

国広哲弥（2005）「アスペクト認知と語義——日本語の様態副詞と結果副詞を中心として」『副詞的表現をめぐって——対照研究』（武内道子編、ひつじ書房）：29-46。

久野暲（1978）『談話の文法』大修館書店。

国立国語研究所（1964）『現代雑誌九十種の用語用字　第3分冊　分析』（国立国語研究所報告25）秀英出版。

小松英雄（1999）『日本語はなぜ変化するか——母語としての日本語の歴史』笠間書院。

柴谷方良（1978）『日本語の分析』大修館書店。

城田俊（1996）「話場応接態（いわゆる「やり・もらい」）——「外」主語と「内」主語」『国語学』186集：1-14。

菅井三実（1998）「対格のスキーマ的分析とネットワーク化」『名古屋大学文学部研究論集』130号（文学44）：15-29。

菅井三実（1999）「日本語における空間の対格標示について」『名古屋大学文学部研究論集』133号（文学45）：75-91。

菅井三実（2000）「格助詞「に」の意味特性に関する覚書」『兵庫教育大学研究紀要』第20巻（第2分冊）：13-24。

菅井三実（2001）「現代日本語の「ニ格」に関する補考」『兵庫教育大学研究紀要』第21巻（第2分冊）：13-23。

菅井三実（2003）「空間における文法格「を」の意味分析」『日本語論究7　語彙と文法と』（田島毓堂・丹羽一彌編、和泉書院）：475-499。

菅井三実（2005）「格の体系的意味分析と分節機能」『認知言語学論考』4号：95-131。

杉崎一雄（1968）『国語法概説』有精堂。

杉本武（1986）「格助詞」『いわゆる日本語助詞の研究』（奥津敬一郎・沼田善子・杉本武、凡人社）：227-380。

杉本武（1993）「状況の「を」について」『九州工業大学情報工学部紀要（人文・社会科学篇）』6号：25-37。

杉本武（1995）「移動格の「を」について」『日本語研究』（東京都立大学国語学研究室）15号：120-129。

鈴木重幸（1972）『日本語文法・形態論』むぎ書房。

鈴木重幸・鈴木康之（1983）「編集にあたって」『日本語文法・連語論（資料

編)』(言語学研究会編、むぎ書房):3-19。

高見健一・加藤鉱三 (2003)「「～てあげる」表現の意味」『言語』32巻4号 (4月号):100-105。大修館書店。

高見健一・久野暲 (2002)『日英語の自動詞構文——生成文法分析の批判と機能的解析』研究社。

竹林一志 (1997)「「する」の意味の本質——多義の包括的理解」『解釈』43巻4号 (4月号):25-30。

竹林一志 (1998)「日本語の「～にVしてもらう」構文について——非対格性との関連をめぐって」『言語』27巻9号 (9月号):115-120。大修館書店。

竹林一志 (1999a)「現代語の助詞「を」の意味」『解釈』45巻5・6合併号 (5・6月合併号):34-39。

竹林一志 (1999b)「現代語の助詞「に」の受身文動作主標示用法——「に」のスキーマ的機能と視点の移動」『解釈』45巻11・12合併号 (11・12月合併号):22-23。

竹林一志 (2000)「現代日本語の授益構文における「に」格名詞句の出現条件」解釈学会第32回全国大会 (2000年8月23日、於:さいたま文学館) 口頭発表配付資料 (全10頁)。

竹林一志 (2001)「現代日本語における与益構文と受益構文の非対称性——与益者・受益者の表現をめぐって」『日本言語学会第122回大会予稿集』:179-184。

竹林一志 (2004a)『現代日本語における主部の本質と諸相』くろしお出版。

竹林一志 (2004b)「「穴を掘る」型表現の本質」『解釈』50巻5・6合併号 (5・6月合併号):50-56。

竹林一志 (2005)「二重ヲ格構文の一側面——所謂「目的語所有者上昇構文」について」『解釈』51巻11・12合併号 (11・12月合併号):41-46。

竹林一志 (2006a)「与益構文における「に」格名詞句の使用条件をめぐって」『総合文化研究』(日本大学商学研究会) 11巻3号:17-29。

竹林一志 (2006b)「与益構文と受益構文の非対称性——与益者・受益者の

表現をめぐって」『解釈』52巻5・6合併号（5・6月合併号）：55-60。

竹林一志（2006c）「「を」使役と「に」使役――助詞「を」「に」のスキーマ的意味からの考察」解釈学会第38回全国大会（2006年8月23日、於：二松學舍大学）口頭発表配付資料（全8頁）。

竹林一志（2006d）「現代日本語における助詞「を」「に」の省略現象」『総合文化研究』（日本大学商学研究会）12巻2号：1-16。

竹林一志・皇甫京玉（2000）「助詞「を」の起点用法と非対格性」『解釈』46巻5・6合併号（5・6月合併号）：47-51。

田中茂範（1997）「空間表現の意味・機能」『日英語比較選書6　空間と移動の表現』（中右実編、田中茂範・松本曜著、研究社出版）：1-123。

田中茂範・深谷昌弘（1998）『〈意味づけ論〉の展開』紀伊国屋書店。

坪井栄治郎（2003）「受影性と他動性」『言語』32巻4号（4月号）：50-55。大修館書店。

寺村秀夫（1982）『日本語のシンタクスと意味Ⅰ』くろしお出版。

仁田義雄（1993）「連語論　ヲ格名詞の対象性――動詞連語論の一テーマ」『国文学　解釈と教材の研究』38巻12号（11月号）：49-53。学燈社。

長谷川ユリ（1993）「話しことばにおける「無助詞」の機能」『日本語教育』80号：158-168。

服部四郎（1955）「日本語・監修者註」『世界言語概説　下巻』（市河三喜・服部四郎編、研究社）：301-305。

服部四郎（1968a）「意味」『岩波講座　哲学　11　言語』（岩波書店）：292-338。

服部四郎（1968b）『英語基礎語彙の研究』三省堂。

服部四郎（1973）「意義素の構造」『英語展望』42号：19-24。

服部四郎（1974）「意義素論における諸問題」『言語の科学』5号：1-38。

早津恵美子（1995）「使役表現における使役対象の表され方と動詞の自他」『日本語の研究と教育　窪田富雄教授退官記念論文集』（窪田富雄教授退官記念論文集編集世話人編、専門教育出版）：138-176。

早津恵美子（1999）「いわゆる「ヲ使役」「ニ使役」についての諸論考をめぐ

って」『語学研究所論集』（東京外国語大学語学研究所）4号：17-50。

早津恵美子（2004）「使役表現」『朝倉日本語講座6　文法II』（北原保雄監修、尾上圭介編、朝倉書店）：128-150。

堀川智也（1988）「格助詞「ニ」の意味についての一試論」『東京大学言語学論集'88』（東京大学文学部言語学研究室）：321-333。

牧野成一（1996）『ウチとソトの言語文化学――文法を文化で切る』アルク。

益岡隆志（1980）「複合述語と格指定」『神戸外大論叢』（神戸市外国語大学研究会）31巻2号：83-95。

益岡隆志（1991）『モダリティの文法』くろしお出版。

益岡隆志・田窪行則（1987）『日本語文法　セルフ・マスターシリーズ3　格助詞』くろしお出版。

水谷修（1979）『日本語の生態――内の文化を支える話しことば』創拓社（新装版：『話しことばと日本人――日本語の生態』創拓社出版）。

三原健一（2004）『アスペクト解釈と統語現象』松柏社。

宮岡伯人（2002）『「語」とはなにか――エスキモー語から日本語をみる』三省堂。

三宅知宏（1995a）「日本語の受益構文について」（平成7年度国語学会春季大会研究発表会発表要旨）『国語学』182集：36。

三宅知宏（1995b）「ヲとカラ――起点の格標示」『日本語類義表現の文法（上）単文編』（宮島達夫・仁田義雄編、くろしお出版）：67-73。

三宅知宏（1996a）「日本語の受益構文について」『国語学』186集：左1-14。

三宅知宏（1996b）「日本語の移動動詞の対格標示について」『言語研究』110号：143-168。

宮地裕（1999）『敬語・慣用句表現論――現代語の文法と表現の研究2』明治書院。

森雄一（1997）「受動文の動作主マーカーとして用いられるカラについて」『茨城大学人文学部紀要　人文学科論集』30号：83-99。

森重敏（1971）『日本文法の諸問題』笠間書院。

森山新（2003）「認知言語学的観点から見た格助詞ヲの意味構造」『台灣日本

語文學報』(台灣日本語文學會) 18号：291-311。

森山新 (2005a)「日本語の格助詞に対する体系的特徴づけ――認知言語学的観点から」『日本エドワード・サピア協会　研究年報』19号：67-78。

森山新 (2005b)「格助詞ニの意味構造についての認知言語学的考察」『日本認知言語学会論文集』第5巻：1-11。

山田進 (1981)「機能語の意味の比較」『日英語比較講座　第3巻　意味と語彙』(国広哲弥編、大修館書店)：55-99。

山田敏弘 (2004)『日本語のベネファクティブ――「てやる」「てくれる」「てもらう」の文法』明治書院。

吉田妙子 (2003)「日本語の授受表現の階層性――その互換性と語用的制約の考察から」『台灣日本語文學報』(台灣日本語文學會) 18号：313-339。

Fujii, Noriko & Ono, Tsuyoshi (2000) The Occurrence and Non-Occurrence of the Japanese Direct Object Marker *o* in Conversation. *Studies in Language* 24：1-39.

Ikegami, Yoshihiko (1987) 'Source' vs. 'Goal'：A Case of Linguistic Dissymmetry. In R. Dirven and G. Radden (eds.) *Concepts of Case*.：122-146. Tubingen：Gunter Narr.

Kuroda, Shigeyuki (1965) Causative Forms in Japanese. *Foundations of Language* 1：30-50.

Langacker, Ronald W. (1987a) *Foundations of Cognitive Grammar, vol. 1, Theoretical Prerequisites*. Stanford：Stanford University Press.

Langacker, Ronald W. (1987b) Nouns and Verbs. *Language* 63：53-94.

Langacker, Ronald W. (1991) *Foundations of Cognitive Grammar, vol. 2, Descriptive Application*. Stanford：Stanford University Press.

Langacker, Ronald W. (1999) *Grammar and Conceptualization*. Berlin：Mouton de Gruyter.

Makino, Seiichi & Tsutsui, Michio (1989) *A Dictionary of Basic Japanese Grammar* (paperback edition). Tokyo：The Japan Times.

Masunaga, Kiyoko (1988) Case Deletion and Discourse Context. In W. J.

Poser (ed.) *Papers from the Second International Workshop on Japanese Syntax*. : 145-156. Center for the Study of Language and Information.

Shibatani, Masayoshi (1990) The Languages of Japan. Cambridge : Cambridge University Press.

Shibatani, Masayoshi (2000) Japanese Benefactive Constructions : Their Cognitive Bases and Autonomy. In K. Takami, A. Kamio, and J. Whitman (eds.) *Syntactic and Functional Explorations : In Honor of Susumu Kuno*. : 185-205. Tokyo : Kurosio Publishers.

Taylor, John R. (1995) *Linguistic Categorization : Prototypes in Linguistic Theory* (2nd [enl.] ed.). Oxford : Oxford University Press.

Tsutsui, Michio (1983) Ellipsis of Ga. *Papers in Japanese Linguistics* 9 : 199-244. Tokyo : Kurosio Publishers.

辞典：

大野晋・田中章夫（編）［1995］『角川必携国語辞典』角川書店。
北原保雄（編）［2002］『明鏡国語辞典』大修館書店。
西尾実・岩淵悦太郎・水谷静夫（編）［2000］『岩波国語辞典　第6版』岩波書店。
森田良行（1989）『基礎日本語辞典』角川書店。
山田忠雄（主幹）・柴田武・酒井憲二・倉持保男・山田明雄（編）［2005］『新明解国語辞典　第6版』三省堂。

要語索引

【あ行】

「穴を掘る」型表現　序論1.1節、Ⅰ―3章、結語1.1・3節

「(移動の) 起点」用法　Ⅰ―1章3.1節、Ⅰ―2章、結語1.1節

受身文 (における) 動作主標示用法 (cf.「動作主」用法)　序論1.2節、Ⅱ―1章2・3節、結語1.2節

エネルギー (の移動/伝達)　Ⅰ―1章3.3・5節、Ⅲ―2章1・3.2・4・5節、結語1.1・1.3節

【か行】

「過程―帰結」の (「過程」と「帰結」とを区別して捉える) 認知様式　→　認知様式

起点用法　→　「(移動の) 起点」用法

'GOAL' よりも 'SOURCE' を重視する認知様式　→　認知様式

【さ行】

視線の移動　序論3.2節、Ⅱ―1章3節、Ⅱ―2章3.2節、Ⅱ―3章3.2節、Ⅲ―1章4節、Ⅲ―2章3.2・5節、結語1.2・1.3節

受益構文　序論1.1節、Ⅱ―2章、Ⅱ―3章1節、Ⅱ―4章、Ⅲ―2章

2.1.1・3.2節、結語1.2節

――と与益構文の非対称性　→　**与益構文と受益構文の非対称性**
――の使用条件　Ⅱ―2章、結語1.2節
――の（における）「に」　序論1.2節、Ⅱ―1章2・3節、結語1.2節
――の（における）「に」格項目　Ⅱ―1章3節、Ⅱ―2章3.1～4節
――の「に」格名詞句　Ⅱ―4章3節

受益者　序論1.1節、Ⅱ―1章3節、Ⅱ―2章3.1・3.2節、**Ⅱ―4章**、結語1.2節

焦点化　序論2.2.2節、Ⅰ―1章3～5節、Ⅰ―2章2.3・4節、Ⅱ―1章2.1・5節、Ⅱ―3章3.2節、Ⅱ―4章3節、Ⅲ―2章3.1・4節、結語1.1・3節

スキーマ（schema）　序論2.2.1節、結語2節

――的意味（cf. **本質的意味**）　序論2.1・2.2.1.2節、Ⅰ―3章4・5節、Ⅱ―3章4節、Ⅲ―2章1・3・5節、結語1～3節

「に」の――的意味　Ⅱ―1章、Ⅱ―2章3.2・4節、Ⅱ―3章3節、Ⅲ―2章3.1・4・5節、結語1.2・1.3節
無助詞形式の――的機能　Ⅲ―1章3.2節、Ⅲ―2章3.3節
「を」の――的意味　Ⅰ―1章、Ⅰ―2章4節、Ⅲ―2章3.1・4・5節、結語1.1・1.3節

【た行】

対象詳細化表現　Ⅰ―4章3・4節、結語1.1節
対他的働きかけ　Ⅰ―1章3.3節

「動作主」用法（cf. 受身文（における）動作主標示用法）　序論1.1・1.2・3.2節、Ⅱ―1章2・3節、結語1.2節

【な行】

「に」受身文　序論1.1・3.2節、Ⅱ―1章4節、結語1.2節

「に」使役　Ⅲ―2章、結語1.3節

二重ヲ格構文　序論1.1節、Ⅰ―4章、結語1.1節

「に」のスキーマ的意味　→　スキーマ

認知様式　Ⅰ―1章4節、結語3節

「過程―帰結」の（「過程」と「帰結」とを区別して捉える）――　Ⅰ―1章4・5節、結語3節
'GOAL' よりも 'SOURCE' を重視する――　結語3節（cf. Ⅱ―4章4節）

【は行】

非言語形式化の原理　Ⅲ―1章3.3・4・6節、Ⅲ―2章3.3節、結語1.3節

プロファイル（profile）　序論2.2.2節、Ⅰ―1章3節、Ⅰ―2章2.3節、結語1.4～3節、あとがき

ベース（base）　序論2.2.2節、Ⅰ―1章3～5節、Ⅰ―2章2.3・4節、Ⅱ―1章5節、Ⅲ―2章3.1節、結語1.1・1.4～3節、あとがき

本質的意味（cf. スキーマ的意味）　序論2.1節、Ⅲ―2章1・3・5節、結語1・2節

「に」の――　Ⅱ―1章、結語1.2節
「を」の――　Ⅰ―1章、結語1.1節

【ま行】

無助詞　序論1.1・2.2.1.3節、Ⅲ―1章、Ⅲ―2章3.3節、結語1.3節

――形式のスキーマ的機能　→　スキーマ
――使役　Ⅲ―2章3.3節

目的語所有者上昇構文　Ⅰ―4章、結語1.1節

【や行】

与益構文　序論1.1節、Ⅱ―3・4章、結語1.2節

――と受益構文（との間）の非対称性（受益構文と――の非対称性）　Ⅱ―4章、結語1.2・3節
――における「に」格名詞句の使用条件　Ⅱ―3章
――の「に」格項目　結語1.2節
――の「に」格名詞句　Ⅱ―4章3節

与益者　序論1.1節、Ⅱ―1章3節、Ⅱ―2章3.1・3.2節、Ⅱ―4章、Ⅲ―2章3.2節、結語1.2節

【わ行】

「を」使役　Ⅲ―2章、結語1.3節

「を」「に」の省略　序論1.1節、Ⅲ―1章、結語1.3節

「を」の起点用法　→　「（移動の）起点」用法

「を」のスキーマ的意味　→　スキーマ

あとがき

　本書の「はしがき」でも引用したが、尾上圭介氏は、文法の勉強の初期には「「誰それの世界」とでも言うような、それぞれの文法学者の見ている文法の世界に出会うための勉強」が必要であり、「最初に誰の世界と出会うかでその後の歩みが大きくちがって来る」と述べている（『言語生活』406号［1985年9月号］、p. 64）。以下では、言語の意味・文法の研究に関して、私がこれまでどういう研究者の世界に出会ってきたのかということについて書くこととする。そのことは、単に、私の個人的な思い出を綴るということではなく、本書の根底（或いは背景）にある考え方を知っていただく上で御参考になるものと考える。

　語義研究との初めての出会いは、高校3年生の時、「国語」の丸山輝先生からご紹介いただいた、松尾聰先生の様々な御著書であった。『増補改訂　古文解釈のための　国文法入門』（研究社、1973年）、『源氏物語を中心とした　語意の紛れ易い中古語攷』（笠間書院、1984年）、同書の続篇（笠間書院、1991年）などを読みふけり、『全釈源氏物語』（全6巻、筑摩書房、1958〜1970年）をはじめとする松尾先生の諸注釈書の現代語訳や注を夢中になって読んだ。2000年に刊行された『松尾聰遺稿集Ⅲ　日本語遊覧［語義百題］』（笠間書院）を読みながら、高校時代から学部3年生の頃まで松尾先生の世界にひたっていた時のことを懐かしく思い出した。

　松尾先生とは、二度、お話しさせていただく機会を得た。いずれも、松尾先生が代表理事をなさっていた紫式部学会の公開講演会が学習院大学で開かれた折のことである。

　最初にお目にかかった時（1993年12月）は、講演会終了後、目白駅に向かう道で、「先生が御研究に関して一番大切になさっていることは、どういうことでしょうか？」とうかがった。この質問に対して松尾先生が「ごまかしをしないということです。」とおっしゃったのが、松尾先生の御学風そのま

まのお言葉として深く印象に残っている。

　二度目にお話しさせていただいたのは、翌年（1994年）の12月であった。服部四郎先生の意義素論を理論的基盤として中古語に関する卒業論文を書こうと考えている旨をお話ししたところ、「理論も大切だが、それよりも一つ一つの用例をきちんと見ることのほうが重要である」というお教えをいただいた。このお教えも、中古語の用例を網羅的に収集・検討し、そこから帰納的に語義（基本義）を導き出すことを重視なさる松尾先生らしいお言葉であると思った。

　学部2年生の時（1992年度）、後に大学院で指導教授となってくださった長嶋善郎先生のクラスを受講し、そこで服部四郎先生の意義素論の世界に出会った。絶版になっている『言語学の方法』（岩波書店、1960年）や『英語基礎語彙の研究』（三省堂、1968年）を古書店で購入し、本書の「引用文献」に記したような服部先生の雑誌論文を読みあさった。言葉の多義的様相の根底に「意義素」を見出すという研究法、そして服部先生の厳密な論じ方に新鮮さ・驚きと大きな魅力を感じた。長嶋善郎先生の演習では、意義素論の考え方に基づき、受講者が分担して様々な言葉の意味分析を行なった。或る年（1995年頃）、長嶋先生の演習で現代日本語の助詞の意味・用法がテーマになったことがある。その演習で助詞について考え、また発表したことが、本書で対象とした「を」「に」を含め、後に様々な助詞を研究するきっかけとなった（助詞「は」「も」「が」「こそ」「って」についての考察は、竹林［2004a：第II部］にまとめた）。

　服部先生にはお目にかかる機会を得なかったが、服部先生の意義素論を継承なさり、発展させていらっしゃる国広哲弥先生には、学生時代、東京言語研究所の理論言語学講座（「意味論」）でお教えいただいた。

　久保田美昭氏は、「言語学者との一時間」（『言語』11巻3号［1982年3月号］）の中で、国広先生の御講義について次のように書いている。

　　国広先生の「意味論」講義を一度受講すると、やや病みつきになる。授業に
　　出る前はいつも「ああ、また頭を使わなくちゃならない。シンドイなあ」と

考える。しかし、やがて講義が進むにつれて次第に惹き込まれ、終る頃には、授業時間の延長を願ったりしている自分を見出すから妙だ。……「ことば」の意義を分析する国広さんの論の歩み（アリュール）は優美で、その結論は一種の芸術である。……教室の中では、生身の国広さんが「きのう考えたんですが……」（原文では、下線は傍点）などと言いながら、ある「ことば」の意義分析を行なうのだが、そうしたとき、教室には熱気が漲り、結論に至ると、受講者はカタルシスを味わうのである。(p. 96)

　私の受講した国広先生の御講義も、久保田氏が書いている通りのもので、斬新に対象を分析なさる切り口、そして研究を本当に楽しんでいらっしゃるお姿に、感動・憧れを抱いた。

　2004年に拙著（『現代日本語における主部の本質と諸相』くろしお出版）が刊行され、国広先生にお送りした折、先生から御手紙を頂戴し、温かいお励ましのお言葉とともに詳細な御教示・コメントをいただいた。雲の上の存在である国広先生からの御懇切な御手紙、そして先生のお人柄に、心打たれるばかりであった。その後も、御著書や御論文をお送りいただくなど、学生時代には到底考えられなかった御恩恵に与かっている。

　また、学部生時代、長嶋善郎先生のクラスで Ronald Langacker の研究に出会った。"Foundations of Cognitive Grammar"（Stanford University Press、vol.1は1987年、vol.2は1991年に刊行）・"Concept, Image, and Symbol"（Mouton de Gruyter、1990年）といった著書や論文に魅了された。

　1997年の夏（8月2日・3日）、関西で開かれた第6回 CLC 言語学集中講義で Langacker の講義を聴いた。「認知言語学と国語学の対話――モダリティ、主語をめぐって――」というテーマで行われた、この集中講義は、憧れの Langacker と、尊敬する尾上圭介先生の講義・ディスカッションが行われるという、私にとって夢のようなイベントであった。2日目（8月3日）の最後に Langacker・尾上先生・西村義樹先生・坪井栄治郎先生による総括ディスカッションがあり、Langacker と尾上先生の間で交わされた、言語の本質に迫るやりとりに我を忘れて聴き入った。この CLC 言語学集中

講義の数日後（8月5日・6日）、Langackerは東京でも集中講義（認知言語学研究会主催）を行い、そこで私はLangackerに個人的に質問することができた。Langackerの講義を聴き、個人的に質問する中で、認知言語学の第一人者であるLangackerの謙遜な姿勢が深く印象に残った。助詞「を」「に」の意味・用法が「ベース」と「プロファイル」の観点からすっきり説明できることに気付いたのは、丁度この頃であった。

　上述の第6回CLC言語学集中講義では、「主語」「モダリティ」についての尾上先生の御講義も行われた。三上章の主語廃止論がある一方、尾上先生は、日本語にも主語は存在するという立場で論を立てていらっしゃった（三上説あるいは主語無用論についての言及はなかったと記憶している。配付されたハンドアウトにも、そのような内容は載っていない。2005年5月21日に行われた文法学研究会連続公開講義で尾上先生にお目にかかった折、三上説についてのお考えをうかがったところ、三上の言うような統語論的な意味での主語ならば、三上と同様に、そのようなものは日本語に存在しないとお考えになっている、とのことであった）。日本語のsubjectの問題をどのように考えればよいのか皆目検討がつかない（自分の中では解決困難な問題として残しておくほかない）という思いを当時抱いたことを覚えている。

　その後、未然形を中心として古代語活用形の機能を考えたことがきっかけとなって、subjectの問題に本格的に取り組み、2002年、博士論文にまとめた（この博士論文に若干の改訂を施したものが拙著『現代日本語における主部の本質と諸相』［くろしお出版、2004年］である）。前述のCLC言語学集中講義で尾上先生の講義なさった「主語」と「モダリティ」（さらに大きく言えば、「テンス」「アスペクト」などを含めた述語一般）の問題が、別個の事柄としてではなく、文の機能という観点から一繋がりのものとして明確に見えてきた時には本当に嬉しかった。

　上のような思い出を辿ると、前著『現代日本語における主部の本質と諸相』と本書は、今から10年前、1997年のCLC言語学集中講義に胚胎しているように感じる。

　尾上先生の存在は、学部3年生の時、学習院の大学院生からの話で知っ

た。早稲田大学大学院のクラスに大学間の相互履修制度で出席していた或る院生が、「早稲田に東大の尾上先生が非常勤でいらしているのだが、厳しい先生で、自分たちには到底分からないような高度な内容を講義なさる」と話していた。どのような御研究をなさっているのかと興味を抱いて読んでみたのが、御論文「現代語のテンスとアスペクト」（『日本語学』1巻2号［1982年12月号］）であった。現代日本語のテンス・アスペクトに関する言語現象を精緻に観察され、それら諸現象を見事に整理なさった上で、「た」「ている」といった言語形式の個性に基づく統括的把握をなさる御論に、圧倒される思いであった。ぜひ御講義をうかがいたいと思ったが、私が大学院に進んだ年度から尾上先生は早稲田大学大学院に出講なさらなくなった。そこで、その年の夏（1996年8月）、専修大学で行われた第5回CLC言語学集中講義（テーマは「ラレル形述語の世界」）に参加し、尾上先生の御講義をうかがうとともに、わずかな時間ではあったが、先生とお話しさせていただいた。そして、その翌年（1997年）からは、東京言語研究所の理論言語学講座（「日本語文法理論」）でもお教えいただいた。

　1997年の秋、私は、国語学会（現、日本語学会）秋季大会で「東京は神田の生まれだ」型表現の性質と助詞「は」の機能について発表し、その後、発表内容を論文の形にまとめた。尾上先生の直話を引用した箇所があったため、先生に御確認をお願いしたところ、ご快諾くださった。しばらくして（一週後であったか）お戻しくださった論文原稿には、随所に御懇切な御教示・コメントが記されていた（御教示・コメントは、その内容に応じて二色で書き分けられていた）。日本語文法研究のトップに立っていらっしゃる先生が、大学外の講座に出席している一学生の論文原稿を、これほど丁寧に見てくださるのかと、感激で一杯になった。

　私は、前著（『現代日本語における主部の本質と諸相』）の「あとがき」で、尾上先生に関して次のように書いた。

　　先生の御講義や御論文を通して、文法研究の面白さ・奥深さ・厳しさを味わうことができた。本書の引用文献中、最も数が多いのが尾上先生の御論文で

ある。大学院に進んで以来、いつも筆者の頭の中にあったのは先生の御研究であった。(p. 306)

　前著でも本書でも、尾上先生の御論を引用し、その御論に異を唱えている箇所がある。しかし、尾上先生は、私が、これまでの文法研究において最も大きな影響を受けた研究者である。

　尾上（2001：ⅱ）には次のようにある。

　　その著者があそこであの問題をあのように論じたからこそ次のこの問題が問題として意識されたのであり、あの論文でああ言っていることとこの論文でこう語っていることとはこういう意味でこのように深くつながっている。そのような発見的な読み方ができたときにその論文が本当に読めたという気持ちになるものであり、われわれは先人の論文をそのように読んできた。そのように読もうと努めてきた。

　私も、松尾聰先生・服部四郎先生・国広哲弥先生・尾上圭介先生の御論文は、上のような読み方、「先人のだれかれの論文を集めては読んできたような読み方」（尾上2001：ⅱ）をした。
　以上、言語の意味・文法の研究に関して私がどのような先覚に大きな影響を受けたのかということを書いた。以下では、言語研究を通して見えてくる世界について、本書の内容と関連させつつ述べることとする（以下の内容は、『砧通信』第34号［日本大学商学部図書館、2006年2月発行］所載の拙文「言語研究の意義」［同誌pp. 5-9］にも記した）。
　数学には神の真理が隠されている、とよく言われる。この神の真理を探り、発見することが、数学の魅力のようである（cf. 藤原正彦・小川洋子［2005］『世にも美しい数学入門』［ちくまプリマー新書］筑摩書房）。そして、神の真理は、数学のみに見てとれるわけではない。松下幸之助に次のような言葉がある。

学ぶ心さえあれば、万物すべてこれわが師である。語らぬ石、流れる雲、つまりはこの広い宇宙、この人間の長い歴史、どんなに小さいことにでも、どんなに古いことにでも、宇宙の摂理、自然の理法がひそかに脈づいているのである。そしてまた、人間の尊い知恵と体験がにじんでいるのである。これらのすべてに学びたい。

　　　　　　　　　　　　　　　　　　　　　（PHP新書の栞より引用）

　本書の執筆を通して、私は、言葉の世界にも神の真理を見てとることができると思った。
　助詞「を」「に」には種々の用法があり、「を」「に」という同一の形式をとっていながら、それらの諸用法は互いに相当異なる意味を表す。しかし、本書で示したように、それら諸用法は、「を」「に」それぞれにおいて、統一的（schematic）に把握可能なのであった（先に挙げた藤原・小川［2005］『世にも美しい数学入門』において、藤原氏は、「数学の美しさについては、いろんな定義がありますけれども、ひとつは魑魅魍魎といいますか複雑多様のものを、ひとつの数式で一気に統制してしまうという豪快さというか、美しさというのがありますよね」［p. 26］と述べている。この点でも、数学は、多義性をschematicに捉える本書の研究と共通する）。諸用法が、その表す意味の面で相違しつつも、根本においては統一性を保っている（そして、勿論、「を」「に」は、名詞・動詞や、「を」「に」以外の助詞など、他の言語形式とともに、文［sentence］の形成に関わる）――このことは次の聖句を思い起こさせる（「コリント人への手紙　第1」の12章も参照されたい）。

　　一つのからだには多くの器官があって、すべての器官が同じ働きはしないのと同じように、大ぜいいる私たちも、キリストにあって一つのからだであり、ひとりひとり互いに器官なのです。
　　（「ローマ人への手紙」12章4〜5節［聖書の本文は新改訳聖書〈第3版〉による。以下、同様］）

　しばしば指摘されるように、21世紀は、これまで以上に「共生」が必要な

時代である。

　互いの果たす役割の違いを認識し、違いがあるからこそ素晴らしいと考えることが重要である。

　　わたしが両手をひろげても、
　　お空はちっともとべないが、
　　とべる小鳥はわたしのように、
　　地面（じべた）をはやくは走れない。

　　わたしがからだをゆすっても、
　　きれいな音はでないけど、
　　あの鳴るすずはわたしのように
　　たくさんなうたは知らないよ。

　　すずと、小鳥と、それからわたし、
　　みんなちがって、みんないい
　　　（金子みすゞ「わたしと小鳥とすずと」［『金子みすゞ豆文庫　みんなをすきに』〈JULA出版局、1987年〉pp. 22-23］）

　そして、違いを違いで終わらせず、（単に互いに異なるというだけで済ませずに）、違いを超えた共通性があることを知り、相互に貢献しながら一つの共同体を形成すること——こうしたことの大切さを、私は、今、言語研究を通して再認識している。
　なお、上記のこととの関連で、村上和雄氏（『生命（いのち）のバカ力』［講談社＋α新書］講談社、2003年）の、次の言葉を参照されたい。

　　遺伝子の世界を見ていると、私たちが生きて存在していること自体が、驚異的なことに思われてきます。私たちは約60兆の細胞の集合体です。細胞が集まって高度な秩序をもつ器官や臓器をかたちづくっています。たとえば腎臓の一個の細胞を見ると、腎臓の役割をはたすためだけの遺伝子がONになっていると同時に、腎臓という臓器の一部を形成し、さらにほかの細胞と協力

して、腎臓という臓器全体を成り立たせています。これは、会社勤めのサラリーマンのようなもので、一人の社員は会社の営みの一部分を担っていますが、会社に隷属しきっているわけではありません。彼には個人的な生活もあります。細胞も同様で、腎臓の細胞でありながら、それ自身に個性があり、臓器の中で自主的、選択的にはたらいているのです。これは部分である細胞が、全体としての性質もそなえていることを意味します。これらのことは、細胞と臓器の関係だけでなく、人間と社会、人間と地球、ひいては人間と宇宙との関係についても言えるのではないでしょうか。私たち人間は、一人の人間でありながら、全体としては宇宙の一部でもあるということです。(pp. 231-232)

　また本書では、〈小さなものを大切にすることの重要性〉を強調した。
　「を」「に」という１音節・１モーラの助詞の意味・機能を十分に理解してこそ、「を」「に」を用いた諸構文（諸表現）の在り方がよく見えるのであった。
　こうした〈小さなものを大切にすることの重要性〉は、前著（『現代日本語における主部の本質と諸相』）でも、「東京は神田の生まれだ」型表現の分析を通して述べた。「東京は神田の生まれだ」型表現や、そこで用いられている「は」は、従来、特殊な表現・用法であると見なされ、正面から考察されることが少なかった。しかし、この一見特殊な、「東京は神田の生まれだ」型表現と、同表現における「は」の用法について詳細に考察することにより、助詞「は」の本質的機能を、従来より一層明確に、そして的確に把握することが可能となる（cf.『現代日本語における主部の本質と諸相』第Ⅱ部１章）。
　聖書には次のようにある。

　　小さい事に忠実な人は、大きい事にも忠実であり、小さい事に不忠実な人は、大きい事にも不忠実です。
　　　（「ルカの福音書」16章10節）[「マタイの福音書」25章21・23節も参照されたい]

イエスは、ひとりの子どもを連れて来て、彼ら（竹林注：イエス・キリストの12弟子）の真ん中に立たせ、腕に抱き寄せて、彼らに言われた。「だれでも、このような幼子たちのひとりを、わたしの名のゆえに受け入れるならば、わたしを受け入れるのです。また、だれでも、わたしを受け入れるならば、わたしを受け入れるのではなく、わたしを遣わされた方を受け入れるのです。」

（「マルコの福音書」9章36〜37節）

　小さなものを大事にする、マイノリティーを大切にする、特殊に見えるものを軽視しない——私達は、言語研究を通しても、こうした人間にとって重要なことを確認できる。

　　結局のところ、もうすべてが聞かされていることだ。神を恐れよ。神の命令を守れ。これが人間にとってすべてである。

（「伝道者の書」12章13節）

　言語研究の行き着く先も、この聖句にほかならないであろう。
　言葉の研究をして一体どういう益があるのか、言語研究の意義はどこにあるのか、という問題を絶えず意識させてくれた妻の皇甫京玉に感謝したい。
　また、快適な研究環境を与えてくれている日本大学商学部と、いつも、温かい励ましをくださる同学部の先生方に心から謝意を表したい。
　そして、上に（即ち、この「あとがき」に）御名前を記した諸先生方のほか、学生時代から、ひとかたならずお世話になっている小久保崇明先生（日本大学名誉教授）・高見健一先生（学習院大学教授）・小松英雄先生（筑波大学名誉教授）、そして、学会や研究会でお世話になってきた多くの方々に深く御礼申し上げる。
　最後になるが、本書の出版をご快諾くださった、笠間書院の池田つや子社長と橋本孝編集長、また、編集の労をおとりくださった竹石ちか氏に心より御礼申し上げたい。
　高校時代から、笠間書院の本は、いつも私の近くにあった。学生として、

研究者として、笠間の本に育てられてきた。私の学び・研究に特に大きな影響を与えてくださった小松英雄先生・松尾聰先生の御著書の多くは、笠間書院から刊行されている。この度、憧れの出版社から拙著を刊行していただくことになり、感慨無量である。

2007年4月

竹林一志

竹林　一志　（たけばやし　かずし）

1972年12月　茨城県生まれ（1歳半より東京港区で育つ）
1991年4月　学習院大学文学部日本語日本文学科入学
1993年4月　〜1994年3月　オーストラリア国立大学に留学
1996年3月　学習院大学文学部日本語日本文学科卒業
1996年4月　学習院大学大学院人文科学研究科日本語日本文学専攻博士前期
　　　　　　課程入学
2001年3月　学習院大学大学院人文科学研究科日本語日本文学専攻博士後期
　　　　　　課程単位取得満期退学
2003年3月　学習院大学より博士（日本語日本文学）の学位取得
2005年4月　日本大学商学部に専任講師として着任、現在に至る

著書
『現代日本語における主部の本質と諸相』くろしお出版、2004年

「を」「に」の謎を解く

平成19（2007）年6月30日　初版第1刷発行Ⓒ

　　　　　　　　　　　　著　者　　竹　林　一　志
　　　　　　　　　　　　装　幀　　齊　藤　美　紀
　　　　　　　　　　　　発行者　　池　田　つ　や　子
　　　　　　　　　　　　発行所　　有限会社 笠間書院
　　　　　　　　　　　　東京都千代田区猿楽町2-2-3　[〒101-0064]
NDC 分類：815.7　　　　　電話　03-3295-1331　　fax　03-3294-0996

ISBN978-4-305-70354-5　　　　　　　　　　　　印刷／製本：シナノ
© TAKEBAYASHI 2007
落丁・乱丁本はお取りかえいたします。
出版目録は上記住所までご請求下さい。
http://www.kasaamashoin.co.jp/